STUDI

CREATIVITÀ HI-TECH

Sandro Mangiaterra

Creatività hi-tech

Come le tecnologie informatiche innovano i prodotti e trasformano le imprese del made in Italy

Prefazione di
Aldo Bonomi

GRUPPO 24 ORE

ISBN 978-88-6345-276-1

GRUPPO 24 ORE

Sede legale e amministrazione: via Monte Rosa, 91 - 20149 Milano
Redazione: via C. Pisacane, 1 - 20016 Pero (Milano)
Per informazioni: Servizio Clienti Tel. 02.3022.5680, 06.3022.5680
Fax 02.3022.5400 oppure 06.3022.5400
e-mail servizioclienti.libri@ilsole24ore.com

Fotocomposizione: Jo type di Nisticò Francesco & C. snc, via Figino, 1/A - 20016 Pero (Milano)
Stampa: Rotolito Lombarda, via Sondrio, 3 - 20096 Seggiano di Pioltello (MI)

Prima edizione: settembre 2011

Sommario

7 Prefazione - Ora e sempre innovazione
di Aldo Bonomi

15 Introduzione - Quando il gioco si fa duro…

MOBILE-ARREDO: IL DISTRETTO DELLA BRIANZA

25 L'hi-tech per l'artigiano del Duemila
30 Molteni - Il segreto della doppia rete, corta e lunga
35 B&B Italia - Server virtuale, innovazione reale
39 Boffi - Vuoi cucinare i clienti? Irretisci i venditori
44 Rimadesio - Automazione uguale personalizzazione
49 Flexform - I have a dream: controllare online l'intera filiera

MECCATRONICA: IL METADISTRETTO DI VICENZA E DELLA PEDEMONTANA VENETA

53 Con l'ICT il tornio ha messo il turbo
58 Zamperla - Si chiamano giostre, ma le tecnologie sono spaziali
63 Mariani - I robot del packaging cresciuti bevendo cartoni di latte
68 Ceccato - Devi lavare l'auto? Falle un bagno di meccatronica
73 Bravo - Quant'è dolce la tecnologia
77 KeyLine - L'hi-tech, vera chiave del successo

CALZATURIERO: IL DISTRETTO MARCHIGIANO

81 L'alta tecnologia per fare le scarpe al mondo
86 Santoni - La scarpa fatta a mano ma con l'anima hi-tech
91 Cesare Paciotti - Il tacco 12 just-in-time
95 Nero Giardini - L'informatica per crescere del 30% (all'anno)
99 DGM - Civitanova Marche-Timisoara, la scarpa corre in rete
103 Kickers - La tecnologia ai piedi della generazione 2.0

AGROALIMENTARE: IL DISTRETTO EMILIANO

107 L'informatica non si mangia, ma fa mangiare meglio
112 Parmacotto - Il prosciutto ad alta tecnologia
117 Conserve Italia - La control room al servizio della (buona) tavola
121 Mutti - Sulla traccia del pomodoro migliore
125 Rizzoli Emanuelli - L'acciuga, il cibo povero che diventa ricco con l'ICT
130 Veroni - La mortadella (da Guinness) la assaggia il robot

TESSILE: IL DISTRETTO DEL BIELLESE E DELLA VALSESIA

135 I vecchi telai alla cura digitale
140 Lanificio Colombo - L'informatica rende il cashmere più bello
144 Liabel - La maglietta che nasce a tavolino. Pardon, a computer
148 Zegna Baruffa Lane Borgosesia - La lana del Duemila la fila l'ICT
152 Piacenza Cashmere - L'hi-tech? Nel lusso non è un lusso (ma una necessità)
156 Sinterama - I robot per fare il filo ai cinesi

Prefazione

Ora e sempre innovazione

di Aldo Bonomi

È facile scrivere la prefazione a un libro con cui si è pienamente d'accordo. Era ora, anzi, verrebbe da dire, leggendo le storie d'innovazione – frutto del "Viaggio nell'Italia che innova" condotto in collaborazione con Intel e *Nòva* – raccontate da Sandro Mangiaterra. Era ora che qualcuno le raccontasse, ovviamente. Perché queste (e molte altre) storie le conosce bene chi è abituato ad andare per territori, continuando a cercare per continuare a capire. Chi ha imparato, anno dopo anno, che la creatività hi-tech della provincia e dei distretti italiani non è un aneddoto da rubriche come "Strano, ma vero", bensì la chiave per comprendere come mai il calabrone del nostro capitalismo di territorio vola nei cieli della globalizzazione. E come mai anche domani, nel nuovo scenario competitivo del dopocrisi, l'innovazione di prodotto e di processo nei settori cosiddetti "maturi" – Mangiaterra lo chiama *ri-made in Italy* – sarà il traino che solleverà il nostro paese dalle secche della stagnazione e del declino. Cosa che, peraltro, se si osservano i dati sulla crescita e sull'export di Lombardia, Veneto ed Emilia Romagna, si scopre che sta già accadendo.

Fuor di cronaca, il libro è estremamente interessante, in quanto entra a piedi uniti nell'ormai asfittico e monotono dibattito sulla creatività come fattore di crescita economica e sociale. Sfatando un bel po' di luoghi comuni.

Creatività hi-tech è innanzitutto il libro della "quarta T", quella del Territorio. Laddove le altre tre T – Tecnologia, Talento, Tolleranza – sono, secondo il sociologo americano Richard Florida, le tre caratteristiche che definiscono un ambiente in cui la creatività è messa pienamente al lavoro. Secondo Florida, la Tecnologia si misura in base al numero di tecnopoli, parchi scientifici e addetti alla ricerca; il Talento in base al numero di atenei e studenti universitari presenti in un dato luogo; la Tolleranza, in base al numero di gay e minoranze etniche. Statistiche che, messe nel frullatore, definiscono chi è creativo e chi no. E di conseguenza, chi cresce e chi declina, chi è meritevole di investimenti e chi invece deve giocare un ruolo marginale nella modernità.

La visione del mondo restituita dall'Indice della creatività di Florida è quella che di fatto premia e legittima le cosiddette *megacity*, ipertrofici conglomerati urbani in grado di inghiottire e digerire tutto, in cui la potenza è data dalle dimensioni, dalla vastità del mercato interno, dalla facilità di creare, riprodurre e ricombinare saperi e conoscenze. Ma soprattutto dal fatto, sempre secondo Florida, che è lì che vogliono vivere e lavorare le persone veramente creative. Realtà come Shanghai, tanto per intenderci, teatro dell'ultima Expo, non a caso dedicata alle città e a quanto rendano migliore la vita.

Tutto il resto è noia, secondo Florida e secondo gran parte degli accademici, anche nostrani. Gretto e improduttivo contado che finirà presto ai margini della storia, terreno di risulta, mero interstizio tra una metropoli e l'altra.

In questa visione non sembra esserci spazio per l'italietta borghigiana dei *commartigiani*, per un capitalismo di produzioni complesse che opera generalmente in settori produttivi maturi, come quelli cosiddetti delle tre A (Abbigliamento, Arredamento, Alimentare). Eppure, spazio ce n'è. Basta leggere i nomi dei microcosmi in cui Mangiaterra ha tratto le sue storie di innovazione e creatività hi-tech: Giussano, Novedrate, Lentate sul Seveso, Altavilla Vicentina, Carrè, Montecchio Maggiore, Corridonia, Monte San Pietrangeli, Basilicanova, Borgosesia. Sarebbe bastato andare proprio all'Expo di Shanghai, macrocosmo per eccellenza, e osservare le file sterminate di cinesi –

circa 40.000 ogni giorno, uno dei più visitati – desiderosi di entrare nel nostro padiglione, "La città dell'uomo", per ammirare le eccellenze prodotte in tali microcosmi, emblemi a loro volta del nostro saper vivere, del nostro saper fare, della nostra creatività messa al lavoro sui territori. Perché è proprio lì, in quella che, secondo Florida, è "terra di nessuno" che si sono addensati quei sistemi produttivi che hanno favorito la trasmissione della cultura del fare, la diffusione della conoscenza, la nascita di nuove imprese, la localizzazione di filiere produttive ad alta specializzazione. È dai saperi stratificati nel territorio che il nostro capitalismo trae la linfa primaria della sua evoluzione: quell'artigianìa – assolutamente creativa – del fare grandi cose con pochi strumenti. Perché no, anche innovazione tecnologica.

Sarebbe tuttavia sbagliato e fuorviante, ricondurre le attuali dinamiche evolutive alla mera dimensione locale. Per essere chiari: non basta più Novedrate per competere nella globalizzazione. È una storia, quella che raccontano le imprese, che non è più quella dei distretti industriali, densa di figure idealtipiche già ampiamente celebrate: dell'artigiano che si fa "imprenditore mediocre" della subfornitura mettendo al lavoro la famiglia nel sottoscala della sua abitazione; del sindaco-imprenditore di comunità, che fornisce alle imprese le strutture e le infrastrutture per produrre e competere, condensate nell'immagine dei capannoni nei "villaggi artigiani"; del direttore della banca locale, che attraverso un rapporto personale, fiduciario e continuo all'interno della comunità, permette a imprese raramente "bancabili" di accedere ai capitali necessari per iniziare ed evolvere la propria attività.

Quella che racconta questo libro è la storia delle piattaforme produttive, in cui è centrale la dimensione della relazione tra capitalismo di territorio e capitalismo delle reti detentore di beni competitivi territoriali necessari a competere nella globalizzazione. Per esempio, oggi non si può più parlare soltanto del distretto del mobile-arredo brianzolo, ma di una Città infinita che va da Malpensa a Montichiari, che mixa sapientemente le reti corte del saper fare con le reti lunghe del design e del lavorare comunicando. Dalle fabbrichette, per intenderci, sino ai luoghi di elaborazione culturale e rappresentazione, come il Polidesign, lo IED, la Triennale di Milano, il Salone del mobile. Lo stesso vale per la Pedemontana veneta, che tra un capannone e l'altro ragiona di come diventare, insieme alla Fondazione Nordest, Capitale europea della cultura. O per la Città adriatica marchigiana, che quota sui mercati globali la dolcezza che si fa potenza della qualità della vita e delle produzioni artigianali ed eco-sostenibili ad alto valore aggiunto.

Si tratta di un'evoluzione che miscela sapientemente reti corte e reti lunghe, in un contesto competitivo in cui per pensare globale non basta più agire (solo) locale. Per intenderci: non basta più la fiera di distretto per andare nel mondo; né tantomeno bastano l'aeroporto e l'università di provincia per avere accesso a quelle reti e a quei saperi necessari per poter competere nella globalizzazione. Nel nuovo paradigma della competizione, incardinato sulla dialettica tra i flussi e i luoghi, acquisisce una nuova centralità la dimensione del territorio come luogo di scambio continuo tra queste due polarità. In altre parole, solamente se si pensa il territorio come area vasta e se si assume la piattaforma produttiva come spazio di rappresentazione, si può comprendere se e come i territori siano in grado di competere ad armi pari nella globalizzazione e di mitigare l'impatto dei flussi come le grandi imprese transnazionali (qual è per esempio ora la Fiat), piuttosto che le grandi banche o le grandi *multiutility*, quando atterrano, come fossero astronavi aliene, sul territorio.

Molto spesso, anche le università, i tecnopoli, i parchi scientifici e tecnologici sono astronavi aliene per l'economia territoriale. Luoghi in cui magari si fa ricerca sulle nanotecnologie per la grande impresa o per le grandi agenzie internazionali, collaborando fra atenei di tutto il mondo, ma che sovente guardano con sufficienza – e anche con un po' di spocchia – al piccolo capitalismo di territorio. Convinte, bontà loro, che l'unico modo possibile di fare impresa sia quello da loro canonizzato. E che nella diarchia tra il *cloud capitalism* di Berkeley e Cupertino, che veleggia sulla scorta di capitalizzazioni *monstre* che ad alcuni già ricordano la bolla dell'ICT del 1997, e il neofordismo in salsa cinese che si quota alla borsa di Hong Kong, non ci sia spazio per le piccole imprese italiane. Così come peraltro non ce ne sarebbe dovuto essere nemmeno nell'epoca del fordismo privato e di Stato, con i risultati che tutti conosciamo.

In assenza di sponde accademiche, racconta Mangiaterra, il piccolo capitalismo di territorio ha fatto da sé. Comprendendo, lucidamente, che il bacino delle conoscenze contestuali, territorialmente situate – il "saper fare" manifatturiero, in altre parole – non fosse più sufficiente. E che, quindi, fosse necessario che entrasse in contatto con i flussi del sapere formale e codificato, affinché potesse usufruire delle funzioni da esso generate: dalla riflessione sulla filosofia alla base del prodotto o del servizio alla progettazione del medesimo, sino a quella del brand, del packaging e del punto vendita; dalla scelta dei più remunerativi mercati di sbocco a quella dei migliori canali di commercializzazione; dall'implementazione di un'incisiva strategia di marketing a un'adeguata e coerente comunicazione.

Ha ragione Florida quando dice che sono competenze, queste. Che generalmente trovano il loro alveo di sviluppo ottimale nella dimensione metropolitana, dotata di funzioni e strutture di connessione con la dimensione dello spazio competitivo globale. È lì, del resto, che vivono e lavorano i grandi designer; che hanno sede le principali agenzie di pubblicità o i grandi player finanziari che possono aiutare le imprese a internazionalizzarsi. E, più in generale, è in tali ambienti che solitamente s'insediano le cosiddette "stazioni della creatività", centri e soggetti che producono e affinano le conoscenze alla base di tali funzioni, dalle università alle fiere, ai piccoli e grandi studi di progettazione, comunicazione e promozione di eventi.

Tuttavia, chi garantisce la capacità d'interconnessione e ibridazione tra la tradizione produttiva locale e i flussi della conoscenza globale non sono mai i centri del sapere, ma sono molto spesso proprio quelle stesse medie "imprese molla" che rimbalzano tra locale e globale – o "imprese traccianti" per dirla con il Censis – di cui *Creatività hi-tech* racconta l'evoluzione. Autentici commutatori di saperi e di esperienze innovative all'interno dei territori. Sono imprese, queste, che proprio in virtù della loro appartenenza a una tradizione produttiva locale, riescono a non interrompere i rapporti con il proprio territorio di riferimento anche laddove la loro attività tende a proiettarsi lungo i flussi dei mercati e delle conoscenze globali. Quest'opera di mediazione tra territorio e mondo fa sì che il territorio si giovi di tale presenza. Ad esso, infatti, e in particolare alle sue imprese minori, sono trasferite le risorse di conoscenza innovativa che la media impresa assorbe dall'esterno, facendosi allo stesso tempo ambasciatrice e traduttrice nel mondo dei saperi e delle virtù produttive stratificate nel suo territorio.

Se quindi, finora, l'alveo di creazione e riproduzione delle conoscenze necessarie per competere per le imprese del made in Italy era rinvenibile nella dimensione locale, oggi è l'intreccio tra il territorio e tali città-flusso – o ancora meglio, tra contado e città – che determina la capacità di tali imprese di reperire le risorse necessarie per competere. Ed è tale intreccio che permette di cogliere il pieno manifestarsi della creatività come qualità messa al lavoro.

Il *ri-made in Italy* si fonda sull'intreccio, quindi: tra flussi e luoghi; tra capitalismo di territorio e capitalismo delle reti; tra città e contado; tra manifattura e terziarizzazione; tra saperi contestuali hi-touch e saperi formali hi-tech.

Un intreccio che, come se fosse una rete di reti, disarticola la catena del valore di stampo fordista, incentrata sul prodotto unico e indifferenziato, finalizzato ad appagare, per la più ampia massa di persone possibile, il bisogno primario (muoversi, sedersi, vestirsi) per cui era stato progettato. In questa nuova fase del *ri-made in Italy*, è l'utente-cliente ad assumere una nuova centralità. In virtù di un benessere sempre maggiore, i bisogni primari lasciano spazio ai desideri e la domanda si fa sempre più eterogenea e diversificata. Tutto questo genera intorno all'utente-cliente una ragnatela del valore fatta di attori economici – imprese, professionisti, comunità virtuali – che scoprano, analizzino, codifichino questi desideri, sino a tradurli in un prodotto o servizio che li soddisfi.

I casi presentati nel libro che scaturisce da questo viaggio di sei mesi condotto da Intel e *Nòva* dal Nord al Sud Italia sono tutte ragnatele del valore globali che mettono al centro – e non più a valle

– il cliente e i suoi bisogni. Sia esso la grande catena alberghiera o il grande brand del lusso cui fornire non solo arredi, ma un servizio di *contract* che ne esalti e ne ridefinisca l'identità; o i grandi player della distribuzione alimentare il cui bisogno di distinguersi necessita di packaging estremamente originali e diversi l'uno dall'altro; o la famiglia che vuole cucine, porte e divani personalizzati in funzione delle proprie specifiche esigenze di spazio e stile; o il singolo individuo che, per camminare comodo, ha bisogno di una scarpa che si adatti perfettamente alla forma del suo piede.

Attenzione: non stiamo parlando di social network, smartphone, tablet o cose simili. Di desideri indotti e creati *ex novo* per costruire un mercato a misura delle nuove tecnologie. Stiamo parlando di abitare, vestirsi, muoversi, mangiare. Bisogni talmente primari che i mercati correlati alla loro soddisfazione sono definiti "maturi" da almeno trent'anni. Lavori a misura di cinesi, sempre stando ai soloni secondo cui, fino a cinque anni fa, avremmo dovuto occuparci di turismo, finanza e megastrutture architettoniche, guardando con invidia alla *cool Britannia*, al boom irlandese e alla *movida* spagnola. Non siamo certo nelle condizioni di poterli giudicare dall'alto al basso, messi come sono i nostri conti pubblici. Ma se, fortunatamente, abbiamo un'economia reale che ancora tiene, lo dobbiamo alla pervicacia e alla testardaggine dei nostri imprenditori. Che non si sono fatti abbindolare dalle sirene della nuova economia. E che hanno percorso una strada alternativa alla modernizzazione e all'innovazione. Quella di un capitalismo di territorio che ricorre a una manifattura spesso localizzata nei pressi dei centri d'ideazione e progettazione del prodotto, per cogliere i vantaggi competitivi nel mantenere collegata la produzione materiale di oggetti a quella immateriale dei loro significati. Che, in virtù della complessità delle proprie produzioni, è riuscito a imboccare un percorso di terziarizzazione – nel senso del legame tra la produzione e il trasferimento di significati immateriali, che accompagnano le merci sino al consumo e oltre – senza tuttavia de-industrializzare il proprio apparato produttivo. Che, soprattutto, riesce a rigenerarsi attraverso la continua innovazione di senso e significato in ciò che tradizionalmente produce. Un capitalismo, insomma, che per quanto possa essere paradossale, riesce a produrre discontinuità nella maturità.

Mi sia consentita un'ultima annotazione, più che altro di carattere metodologico. A differenza di Florida e dei suoi epigoni, che costruiscono indici a tavolino e provano a comprendere il mondo dallo schermo del loro computer e dai freddi numeri dei loro database, Mangiaterra sceglie la strada del racconto territoriale, dell'ascolto e dell'osservazione diretta. Quel che ne esce è un lavoro che non si pone l'obiettivo di risolvere definitivamente le questioni che solleva, ammesso che mai l'abbiano fatto numeri, indici e classifiche. Ma che è tuttavia in grado di creare empatia, di indicare percorsi virtuosi e visioni del futuro. Di generare un ottimismo della ragione che si origina da ciò che siamo. E non delle chimere costruite in funzione di ciò che, secondo alcuni, dovremmo essere. Mangiaterra, nel suo viaggio con Intel e *Nòva* (altre importanti "stazioni della creatività") ha scelto di continuare a cercare, per continuare a capire. Era ora.

Introduzione
Quando il gioco si fa duro...

Giuseppe Santoni, a Corridonia, provincia di Macerata, controlla sul Blackberry quante scarpe, e quali modelli, ha venduto nel suo showroom di Tokyo: lo fa ogni sera, per tutti i 14 negozi sparsi nel mondo, poi tira una bella linea e riflette in tempo reale sui ricavi giornalieri. Alberto Zamperla, ad Altavilla Vicentina, osserva un filmato in 3D con le prove di accelerazione e velocità del nuovo ottovolante: una giostra virtuale, che prima di essere prodotta davvero deve superare gli stessi test fisico-dinamici e di sicurezza adottati alla NASA per mandare in orbita lo Shuttle. Fabio Foschi, a Pollone (Biella), valuta con attenzione le caratteristiche dell'ultima collezione di tessuti della Piacenza Cashmere: il piccolo particolare è che non li ha in mano, ma al computer, in decine di variabili di trama, finezza e colore.

Qualcuno l'ha chiamata rivoluzione silenziosa. Perché non è stata sbandierata, ma è passata (anche se in realtà siamo appena all'inizio) quasi inosservata, mentre ci si accalorava e ci si batteva il petto sulle conseguenze della Grande Crisi. I profeti di sventura avevano già intonato il *de profundis*. Per l'Italia, avviata verso un inesorabile declino. Per l'intera industria manifatturiera, agli spasmi finali. Per l'insieme delle piccole e medie imprese, troppo fragile e quindi destinato a venire spazzato via. Invece, i vari Santoni, Zamperla, Foschi (e l'elenco potrebbe continuare a lungo), mentre in pubblico si lamentavano per una congiuntura che così brutta si era vista giusto nel 1929, nel privato si rimboccavano le maniche. E mettevano a punto innovazioni di prodotto e di processo talmente radicali da rivoltare come un guanto le loro aziende.

È la rivoluzione 2.0. Una sorta di Nuovo Rinascimento. Legato all'introduzione, in ogni settore e in ogni fase di lavorazione, di dosi massicce di tecnologie informatiche. Le sole in grado di restituire smalto al sistema Italia nella competizione globale. Steve Ballmer, numero uno della Microsoft, lo ha spiegato chiaro e tondo: «Chi investe in tecnologia cresce il doppio degli altri». Pierantonio Macola, amministratore delegato di SMAU, è categorico: «Su dieci imprese tornate in attivo, nove lo sono grazie all'ICT». Il recente studio dell'OCSE *Measuring Innovation. A new perspective* indica scenari clamorosi: un maggiore impiego dell'information and communication technology, nel nostro paese, procurerebbe un aumento del 29,9% nell'innovazione di prodotto, del 27,1 nell'innovazione di processo, del 13,8 nell'innovazione di marketing e addirittura del 45,7% nell'innovazione organizzativa. Come dire che le imprese cambierebbero pelle. C'è inoltre l'esempio della Francia, dove tra 2009 e 2010 il digitale ha contribuito per il 25% alla crescita e ha generato 1,1 milioni di posti di lavoro.

Di analisi, proiezioni, numeri, ricerche se ne potrebbero portare finché si vuole. Ma gli imprenditori queste cose le sanno già. Il loro obiettivo è semplice e preciso: restare competitivi in un mercato sempre più difficile per l'avvento di concorrenti fino a ieri sconosciuti. E, perché no, puntare su nuove terre di conquista, magari sfidando quegli stessi concorrenti (vedi i cinesi) in casa loro. Dunque, occorre attrezzarsi. Per cominciare è obbligatorio tornare a schiacciare l'acceleratore sull'innovazione di prodotto. Vince chi aumenta il valore aggiunto, chi si posiziona nella fascia alta dell'offerta, chi riesce a esaltare le caratteristiche tipicamente nostrane di qualità e funzionalità. Ma poi si deve portare efficienza in fabbrica. Servono impianti ad alta automazione per abbattere i costi. Bisogna essere flessibili per rispondere agli ordini in modo personalizzato. Va accorciata la distanza con la clientela per assecondare le sue richieste, i suoi vizi, i suoi vezzi, e garantire un servizio migliore. È necessario muoversi sullo scacchiere planetario anche predisponendo una logistica d'avanguardia, capace di portare la merce rapidamente all'altro capo del mondo.

Quale strumento può soddisfare queste esigenze se non l'informatica? Ecco allora che, persino nelle piccolissime imprese, si moltiplicano gli investimenti nell'ICT, a partire dai sistemi basilari di hardware e software. È la carta da gettare sul piatto. A cui affidarsi per il *ri-made in Italy*.

I distretti non sono più ristretti

Per carità, meglio andarci cauti con l'ottimismo. Le imprese non avevano fatto in tempo a recuperare fatturati e utili persi nel 2008 e nel 2009, in seguito alla tempesta scatenatasi dopo il crack Lehman Brothers, che già nella drammatica estate 2011 si sono addensati nuovi nuvoloni neri: i nostri titoli di Stato sotto tiro, i crolli di borsa, l'ennesima manovra finanziaria di lacrime e sangue. E quel che è peggio, il rischio di una seconda recessione in arrivo dagli Stati Uniti. Ma, nonostante tutto, il tessuto industriale italiano regge. Anzi, proprio negli anni bui della Grande Crisi ha confermato la sua vitalità, la sua proverbiale capacità di trasformarsi. Perché, dunque, non provare a scommettere sui segnali positivi?

Nel marzo 2011 l'Istat ha rivisto al rialzo il dato sul PIL, stabilendo che nel 2010 è salito dell'1,2%. Certo, quanto a crescita, anche riguardo alle previsioni per i prossimi anni, rimaniamo fanalini di coda nella zona euro. Per tacere dei nostri conti pubblici, che si sa, sono quelli che sono. Ma è proprio sul versante delle imprese che giungono le notizie più confortanti, tali da riportare il sorriso. Non solo: i migliori risultati (e le maggiori speranze) arrivano, inaspettatamente, dai 101 distretti industriali. Dati per morti e sepolti, si scopre che sono rinati a seconda vita. E che ancora oggi rappresentano il cardine del nostro sistema produttivo.

Esattamente così. Ricordate il fenomeno dei distretti? Quelle filiere nate in maniera spontanea ma abili poi nell'integrarsi, nel diventare complementari, in nome della qualità e dell'avanzata sui mercati internazionali? Il modello veniva studiato a Harvard. Bill Clinton, che ai tempi in cui era governatore dell'Arkansas visitò personalmente le aziende tessili di Prato, le ceramiche di Sassuolo, le concerie del Veneto, ne parlò in termini entusiastici nel 1994, al G7 di Detroit. Gli economisti sostengono che i distretti formato anni Settanta devono cambiare: guardare a nuove forme di aggregazione e a sistemi di rete, allacciare solidi rapporti con le università e i centri di ricerca, uscire dalla dimensione squisitamente territoriale. Vero. Ma intanto si scopre in loro un'insperata vivacità.

Basta dare un'occhiata al *Rapporto 2010* dell'Osservatorio nazionale dei distretti. Il fatturato complessivo, nelle roccaforti dell'industria italiana, vale a dire nelle aree che raggruppano le famose tre A (abbigliamento, arredamento, alimentare), è aumentato nel 2010 del 7,1%. La quota export ha registrato un più 10,5. Alla faccia dei settori "maturi". Considerata ormai mercato domestico l'Europa, conquistati gli Stati Uniti, l'attuale rotta è verso i paesi del BRIC, Brasile, Russia, India e soprattutto Cina, a lungo considerata pericolosissima concorrente e adesso diventata la terra promessa. Le esportazioni dai distretti verso Pechino e dintorni hanno segnato un'impennata dell'81,6%, molto più del pur buono 48,8% di crescita complessiva, nella medesima direzione, dell'intero manifatturiero. E, quel che più conta, sullo sterminato continente cinese fioriscono gli stabilimenti che sventolano il tricolore, da cui sferrare l'attacco decisivo per conquistare il target più ambito: quei cento milioni di nipotini di Mao che hanno un mucchio di soldi e un tenore di vita sensibilissimo agli stili occidentali.

Insomma, gli imprenditori non ci stanno. La rincorsa è guidata dai leader del made in Italy, da quei "campioni distrettuali" perennemente a caccia di eccellenza. Gente che non ha alcuna voglia di alzare bandiera bianca, di arrendersi al declino. Intenzionata a giocare fino in fondo la partita. E che non ha timore di mettersi in testa al gruppo, di rappresentare un traino per tutti gli altri. Per questo si stanno affilando le armi.

Tradotto, significa tornare a investire, sui prodotti e sui processi. Le tecnologie, e principalmente l'information technology, sono le migliori alleate per questo salto di qualità. Siamo agli albori di una nuova epoca. Di una trasformazione che per molti versi ricorda un altro passaggio epocale: l'introduzione nel primo Novecento dell'automazione produttiva, la fine del lavoro manuale sostituito dalle macchine. La rivoluzione del Duemila pone al centro il computer. L'ICT non è più vista come un surplus, una roba per grandi gruppi, o peggio un costo da tenere sotto controllo, ma come autentico fattore critico di successo. Indispensabile per attingere alla miriade di fonti di conoscenza disponibili, operare sui cinque continenti, continuare a innovare. In definitiva, per progettare il futuro.

L'informatica per rilanciare la sfida al mondo

Un cammino per niente facile in un paese come il nostro. L'ultimo *Rapporto sull'innovazione* curato dalla Fondazione Cotec è impietoso. L'Italia investe complessivamente in ricerca e sviluppo (imprese, organismi pubblici, università) l'1,19% del PIL, contro il 2,64 della Germania, il 2,02 della Francia, l'1,77 del Regno Unito; siamo superati pure dalla Spagna, con il suo 1,35%. Il grave è che questa quota è sostanzialmente ferma da dieci anni. Nella pagella dell'innovazione elaborata dalla Commissione europea l'Italia si colloca dietro al Portogallo e davanti alla Repubblica Ceca, ben distante dal gruppo degli "inseguitori dell'innovazione", di cui fanno parte, tra l'altro, Estonia, Slovenia e Cipro, e da quello dei "leader dell'innovazione", che vede in testa Svezia, Danimarca e Finlandia. Quanto allo specifico delle tecnologie digitali, il *Global Information Technology Report* del World Economic Forum ci pone in 51ª posizione, dietro Barbados e Oman.

Non sono esclusivamente i dati macroeconomici a penalizzarci. Si prenda per esempio l'e-commerce: secondo uno studio dell'Osservatorio B2C Netcomm, in collaborazione con la School of Management del Politecnico di Milano, le vendite sul web raggiungeranno nel 2011 gli 8 miliardi di euro, in crescita del 19% sul 2010. Ma le potenzialità sono nettamente superiori, se si considera che appena il 12% degli italiani aveva effettuato nel 2009 almeno un acquisto online: qui la distanza con gli inglesi (66%), i tedeschi (56%), i francesi (28%) e gli spagnoli (23%) diventa enorme. Un gap logico, se si considera che il

50% degli abitanti della penisola non sa nemmeno accendere il computer. Ma anche se sapesse accenderlo, non riuscirebbe a entrare in rete: uno studio della Saïd Business School della Oxford University ci pone solamente al 26° posto nello sviluppo della banda larga (il riferimento è a una velocità compresa tra 2 e 20 megabit al secondo) e indica in un misero 10% il numero di utenti che possono usufruire di collegamenti wi-fi paragonabili a quelli della banda larga fissa. Sette milioni di persone, il 12% della popolazione, sono totalmente prive di connessione. Conclusione: secondo Eurostat, meno della metà delle famiglie (per l'esattezza il 49%) dispone di internet veloce.

Non mancano le situazioni paradossali: il 23 aprile 2010, a Tavagnacco, vicino a Udine, si ufficializzava la creazione del distretto delle tecnologie digitali. Tra gli ospiti, Alessandro Calligaris, amministratore delegato dell'omonima azienda di arredamento, nonché presidente di Confindustria Friuli Venezia Giulia. «Non so proprio come facevamo, quando lavoravamo con telefono e fax», esordiva Calligaris. «Oggi sarebbe impossibile. Fino a qualche anno fa i nostri fornitori erano tutti intorno a noi, a Manzano, ora ne abbiamo migliaia nel mondo. Quanto ai clienti, sembra ieri che facevamo fatica ad arrivare nel Sud Italia, adesso vendiamo in ogni continente». Chiede la parola un signore in sala: «Sarebbe tutto ottimo. Se però avessimo la banda larga sarebbe meglio». Capito? Il distretto delle tecnologie digitali nasceva in una zona vittima del *digital divide*.

Per farla breve, l'Italia, come minimo, parte svantaggiata. Ben venga, quindi, la scelta di quegli imprenditori che hanno deciso di recuperare, più in fretta possibile, il terreno perduto. Scommettendo sull'informatica e mettendo mano al portafogli. Il mercato italiano dell'ICT vale attualmente 60,2 miliardi: 41,8 miliardi il giro d'affari delle telecomunicazioni, 18,4 quello dei sistemi informatici in senso stretto. Purtroppo nel 2010 è sceso di un ulteriore 1,4% (contro il +4,9 registrato a livello mondiale), ma Assinform, l'associazione nazionale delle aziende di servizi di informatica e telematica, legata a Confindustria, prevede per il 2011 un più 1,3%. Un dato che sconta le forti difficoltà delle TLC, mentre l'IT ha recuperato 6,7 punti percentuali rispetto al meno 8,1 del 2009. Indizi incoraggianti: aumenta del 2,8% la domanda di hardware, dello 0,6 quella di software, cresce del 7,6% il fatturato dei servizi internet. E ancora, le vendite di pc hanno compiuto un balzo in avanti del 15%, in pochi mesi sono andati a ruba 426.000 tablet, 4 milioni sono gli smartphone in circolazione.

Il fatto più importante, tuttavia, è che la spinta maggiore proviene dall'industria manifatturiera. Il 55% delle nostre medie imprese ha deciso e annunciato di volere effettuare entro il 2011 nuovi investimenti in progetti di information technology. Segno che il vento è girato. Che anche i piccoli hanno preso coscienza di quanto lo scenario competitivo sia cambiato: l'ICT è la chiave per riavviare e consolidare il percorso di crescita. Sullo sfondo, inoltre, si profila il boom del *cloud computing*, l'insieme di tecnologie che permette l'utilizzo di risorse hardware e software distribuite in remoto: come dire, basta investimenti fissi, paghi ciò che usi. Per l'Italia, dove il *cloud computing* è al momento poco conosciuto e tanto meno praticato, il Centre for Economics and Business Research prevede nel periodo 2010-2015 una ricaduta economica di 150 miliardi e la creazione di 392.500 posti di lavoro diretti o indiretti.

La metamorfosi delle aziende è in atto. Girando da Nord e Sud se ne osservano già gli effetti. I vecchi modellisti del calzaturiero hanno lasciato il posto a giovani stilisti che disegnano le scarpe al computer, su programmi tridimensionali in grado di variare le forme e i colori, di alzare o allungare i tacchi, di aggiungere accessori. Persino le t-shirt nascono al computer. Figurarsi le apparecchiature per il packaging, le macchine utensili, le grandi linee per l'automazione, simbolo del nostro know-how nella meccanica di precisione. Ogni pezzo viene pensato, studiato, testato davanti al pc. Dopo si effettua il montaggio virtuale dell'impianto e si svolgono prove per verificarne il funzionamento. E solo alla fine, ricevuto l'ok del cliente, si passa alla fase di realizzazione vera e propria. Spesso con l'ausilio di robot.

L'hi-tech è entrata a guidare la produzione anche in settori ad alto tasso di lavorazioni manuali. Basti pensare al laniero. Là dove c'erano enormi telai si trovano oggi macchinari informatizzati che controllano qualità e finezza del filo, trame da intrecciare, quantitativi giornalieri da sfornare: le donne che tessevano e cucivano hanno indossato il camice bianco e controllano sul video che non ci siano intoppi. Stesso discorso per quanto riguarda l'alimentare. Entri in un salumificio e passi in un secondo dai prosciutti appesi a stagionare alle affettatrici automatiche che calcolano al milligrammo il peso della fetta, la predispongono in modo precisissimo nelle vaschette sottovuoto e confezionano l'imballo da spedire la mattina dopo al supermercato. Per non parlare della tracciabilità del prodotto, nodo cruciale per l'agroalimentare: come si potrebbe riuscire, senza l'informatica, a risalire dalla passata di pomodoro all'ora dell'arrivo in fabbrica di quei pomodori (proprio quelli dentro il barattolino), al giorno della loro raccolta e su fino al seme utilizzato e al tipo di trattamento subito dal campo?

Altra questione fondamentale: come migliorare la rete di vendita? Un tasto dolente per moltissime aziende, specie per chi ha un brand forte, di alta qualità, conosciuto e riconosciuto sul piano internazionale. È inutile investire sull'eccellenza, stringere rapporti con i più prestigiosi designer, se il negoziante non riesce a trasmettere il valore dell'acquisto al consumatore. Corsi di formazione per gli addetti alla distribuzione se ne fanno fin troppi, ma non sono mai abbastanza. Bene, i maggiori mobilifici hanno messo a punto i configuratori informatici: fai un giro nello showroom, quindi ti metti davanti al computer e il responsabile monta e rimonta gli ambienti davanti a te. Proviamo questo divano: no, meglio più lungo. Passiamo a scegliere il letto. E così via. Molti sono pronti per lo step successivo: un filmato di realtà virtuale in cui il potenziale acquirente può provare l'emozione di sedersi in poltrona a guardare la tv o di mangiare nella sua nuova cucina. Fatte le scelte, con tanto di preventivo finale e data di consegna certa, l'ordine viene inviato direttamente al commerciale. Tempo risparmiato, produzione pianificata, servizio al cliente.

Questa ricerca

Sono soltanto alcuni esempi, frutto di un lungo "Viaggio nell'Italia che innova". Mesi di lavoro, in collaborazione con Intel e *Nòva*, per visitare le "aziende traccianti", come le chiama il Censis, quelle che in ogni comparto fungono da battistrada verso l'eccellenza. Non un'analisi accademica. Nessuna pretesa di esaustività. Semplicemente uno spaccato vero, concreto, dal di dentro, di un'industria italiana pronta a ripartire, grazie al cuore ringiovanito dalla cura digitale.

Non sono stati scelti i settori hi-tech per definizione, il biomedicale, l'aerospaziale, le nanoscienze. Al contrario, si sono voluti privilegiare proprio i cosiddetti "settori maturi", quelli dove il nostro paese vanta tradizioni secolari e che ci vedono in prima fila nel mondo. Il viaggio ha toccato così alcuni dei principali distretti della penisola: il mobile-arredo della Brianza, la meccanica fine (ormai meccatronica) del Vicentino, il calzaturiero della costiera marchigiana, l'agroalimentare di Parma, il tessile di Biella.

Per ogni area sono state selezionate cinque imprese: non i colossi da miliardi di fatturato, ma le realtà medio-piccole che si muovono da leader in segmenti specifici e nei percorsi di innovazione e internazionalizzazione. Ovunque, è il caso di dirlo, se ne vedono delle belle. Ma il filo conduttore è evidente: gli imprenditori italiani sono intenzionati a tenersi bene strette quelle conoscenze artigiane che li hanno resi famosi nel mondo, ma nello stesso tempo hanno capito l'importanza di aprirsi alle nuove conoscenze globali portate in casa dall'ICT. Obiettivo: conquistare il sofisticato consumatore del terzo millennio.

Questo libro vuole essere un sasso lanciato nello stagno. L'ambizione (modesta) è che le strategie adottate dalle aziende descritte possano fare riflettere tanti altri imprenditori e magari anche chi stabilisce (meglio, dovrebbe stabilire) le linee di politica economica nel nostro paese. Ma indipendentemente da tutto, quel che esce da questa ricerca è un racconto vivo. Dell'Italia che va.

Mobile-arredo: il distretto della Brianza
L'hi-tech per l'artigiano del Duemila

Gli economisti lo definiscono (da anni) un settore maturo. I dati, però, parlano chiaro: il mobile-arredo continua a essere uno dei simboli del made in Italy. Le elaborazioni di Federlegno indicano per il 2010 un fatturato complessivo di 33,5 miliardi, in leggera ripresa (+1,8%) sul 2009. Per giunta, un terzo dei ricavi proviene dai mercati internazionali, che hanno ripreso a correre (+6,4%), a conferma di una consolidata vocazione all'export. Pure nella congiuntura sfavorevole, si è andati alla ricerca di nuovi paesi di sbocco: la Cina in primo luogo (destinata a passare da 150 milioni a 1,5 miliardi di vendite entro il 2020), ma anche il Far East e il Sud America.

È tornato il sereno, in un comparto che ci vede leader a livello mondiale, con oltre 33.000 imprese e 222.000 addetti? Gli operatori si lamentano. Sostengono che passerà molto tempo prima di recuperare il terreno perduto e di tornare ai livelli di produzione e redditività del 2007. Forse è vero. Fatto sta che, in particolare nel distretto della Brianza, tra Monza, Como e Lecco, le aziende non sono rimaste con le mani in mano di fronte alla contrazione delle vendite e al ridimensionamento dei bilanci. Così lungo la famosa Vallassina i risultati 2010 e la quota export appaiono nettamente migliori rispetto all'andamento nazionale. La maggior parte delle imprese, a partire da quelle leader per tradizione e forza del brand, hanno immesso massicce dosi di innovazione nei prodotti e nei processi, per aumentare il valore aggiunto, posizionarsi nella fascia alta del mercato e in definitiva essere pronte alla concorrenza globale. Le strategie adottate sono state molto differenti. Alcune linee comuni, in ogni caso, appaiono evidenti. Come l'accentuazione dei legami con i designer, la valorizzazione dei centri ricerche (interni ed esterni), il potenziamento dei reparti progettazione. E, cosa forse più significativa, l'avvio di una profonda riflessione sulle potenzialità offerte dalla tecnologia. Quest'ultimo aspetto non si è ancora tradotto in nuovi investimenti: finora ci si è limitati più che altro a un attento esame degli sviluppi futuri. Ma la novità ha un che di rivoluzionario: l'hi-tech, ICT compresa, viene finalmente intesa come autentico motore per la competitività.

Un know-how lungo due secoli

L'Osservatorio nazionale dei distretti italiani aiuta a descrivere meglio la storia passata e la realtà attuale del mobile-arredo brianzolo. Dove si lavora il legno e si producono sedie, tavoli, letti, dai primi dell'Ottocento. Lo stimolo iniziale fu costituito dalla diffusione delle prime dimore della borghesia milanese, il cui arredamento richiedeva pezzi in stile di alta qualità. Fino alla seconda guerra mondiale ha prevalso la connotazione tipicamente artigianale. Solo in seguito è cominciata l'industrializzazione dei processi.

Alla produzione artigianale in senso stretto si sono viavia affiancate altre attività: l'intaglio, l'intarsio, la lucidatura, la laccatura, la doratura, l'imbottito, la lavorazione del metallo, dei marmi, dei vetri e dei cristalli. Sono progressivamente nate anche imprese commerciali dedite alla vendita di materie prime, di ferramenta e ottonami, di tessuti. Il territorio ha dato vita a una "area sistema" integrata e diversificata per l'arredamento, dove le relazioni intersettoriali e infrasettoriali costituiscono la regola. Un reticolo di piccolissime imprese collegate fra loro da relazioni di interdipendenza e complementarità.

Il distretto ha vissuto una fase di grande sviluppo nel periodo postbellico, fra il 1945 e il 1960, connesso alla rapida crescita del reddito delle famiglie e al fenomeno dell'inurbamento, che hanno fatto decollare la domanda di beni del "sistema casa". L'industria del mobile brianzolo si è ampliata in volumi prodotti e per numero di imprese. La tecnologia artigianale, d'altronde, non dettava barriere all'ingresso. Il limitato investimento necessario poneva pochi vincoli di natura finanziaria e la presenza delle "esposizioni permanenti" (iniziative consortili sul piano distributivo) non richiedeva neanche un contatto diretto con il mercato finale.

A partire dagli anni Settanta il numero delle imprese ha cominciato a ridimensionarsi, così come l'occupazione. Si è avviata da allora una lunga fase di trasformazione. È qui che si diffonde il processo della subfornitura. Parallelamente nasce il sistema del prodotto "su misura" (che richiede il contatto diretto con l'acquirente finale, in passato pressoché assente). In seguito si approda al sistema "su disegno", personalizzando il prodotto sempre di più sulle esigenze del singolo cliente. Negli anni Novanta, infine, il distretto deve affrontare i cambiamenti profondi sul versante tecnologico (automazione industriale, macchinari a controllo numerico, magazzino informatizzato), del sistema distributivo (grande distribuzione, franchising), della competizione (avvento di nuovi competitor esteri).

Le aziende del distretto brianzolo sono mediamente piccole e la dimensione artigianale continua a risultare dominante. Il sistema, tuttavia, è al tempo stesso fortemente polarizzato, con alcune grandi imprese, spesso leader anche a livello internazionale, e un consistente nucleo di imprese medie. Le prime si caratterizzano per il livello elevato delle tecnologie adottate, la qualità, l'innovazione, la R&S e il ruolo di leadership nella filiera. Quanto alle medio-piccole, i principali fattori di successo sono l'efficienza e la flessibilità dei processi. Tutte hanno comunque straordinarie capacità tecniche e creative.

Oggi il principale asset competitivo del distretto è rintracciabile nell'attività di progettazione e design, che dà contenuto estetico e tecnico ai prodotti. Il *Rapporto 2010 sull'innovazione* in Italia curato dalla Fondazione Cotec apre uno specifico spaccato sul mobile-arredo e mostra come siano sempre di più le aziende del comparto che lavorano a stretto contatto con i designer. Anzi, che progettano proprio a partire dalle idee lanciate dai designer. In questo senso le aziende dell'alta Lombardia sono senza dubbio all'avanguardia. Anche perché hanno potuto usufruire del traino offerto dal Salone del mobile di Milano. In conclusione, il distretto del mobile della Brianza si è sempre contraddistinto per la volontà di miglioramento. Una ricerca continua che lo ha trasformato negli anni in uno dei territori produttivi più interessanti e di successo nel panorama internazionale.

L'ICT e le frontiere dello sviluppo

È in questo scenario che si inseriscono le opportunità offerte dall'information and communication technology. Il primo aspetto investe la gestione dei processi produttivi. Le imprese hanno da tempo fatto investimenti nell'automazione industriale, acquistando impianti per la lavorazione del legno (ma anche dell'alluminio e del vetro) a controllo numerico e macchinari per il taglio laser a precisione millimetrica di tessuti e pelli. Stesso discorso per quanto riguarda l'informatizzazione del magazzino. Insomma, l'automazione della fabbrica è un dato acquisito, anche se è dura superare la vecchia logica secondo la quale le migliori lavorazioni non possono che essere effettuate a mano.

L'industrializzazione dei processi, comunque, è un percorso permanente. Tutti sono alla ricerca della quadratura del cerchio: coniugare i grandi quantitativi di produzione con l'artigianalità nella cura dei dettagli; abbattere i costi con l'automazione e nello stesso tempo mantenere la capacità di sfornare prodotti su misura, autentici pezzi unici; e ancora, ridurre i tempi di lavorazione, eliminare gli sprechi (prodotti difettosi, tempi morti), sfruttando al massimo gli impianti. In definitiva, ciò che si chiede è maggiore efficienza. Logico che si guardi con fiducia e speranza all'ICT. All'informatica gli imprenditori del settore chiedono soluzioni chiavi in mano. Esattamente come quelle offerte ai loro clienti. È di soluzioni che vogliono sentire parlare, non di prodotti, di potenza o quant'altro.

Ma dove l'ICT può giocare un ruolo decisivo, e di questo si ha ormai piena consapevolezza, è nel rafforzamento della rete di vendita. La distribuzione risulta un fattore critico per le aziende del settore. Puoi fare tutta l'innovazione che vuoi, ma qualcuno deve spiegarla al cliente finale, fargli capire che cosa compra, perché spende quei soldi. Specie chi dispone di un forte brand non può vedere vanificare i propri sforzi a valle, nei negozi. Per questo la strategia delle imprese leader è quella di aumentare il numero degli show-room monomarca, gestiti direttamente o in franchising. Per questo vengono organizzate migliaia di ore di formazione riservate ai venditori. C'è solo un particolare: gli sforzi non sono sufficienti. La rete di vendita va controllata di più e meglio.

Come fare? Il sogno è che tutti i distributori siano in grado di utilizzare sofisticati (e bellissimi) configuratori tridimensionali. Il responsabile del negozio deve mettersi lì, con il cliente al fianco (o l'architetto di sua fiducia), e disegnare gli ambienti, prendendo pezzo per pezzo, variando le forme, le dimensioni e i colori. Fino all'ok finale, con tanto di preventivo dettagliato e tempi di consegna certi. Il passaggio successivo è l'inoltro dell'ordine al commerciale e dunque in produzione, senza bisogno di verifiche e ulteriori visti. Si risparmierebbero settimane e si eviterebbe qualsiasi errore. Non basta. Le maggiori aziende hanno avviato studi con le software house e addirittura con le università per introdurre nei negozi filmati di realtà virtuale. L'obiettivo è fare entrare il cliente dentro casa, dargli la sensazione di sedersi a tavola, di mettersi in poltrona davanti alla tv, di infilarsi nel letto: «Ecco, quello che stai scegliendo verrà così».

Infine c'è l'attrazione fatale, il frutto proibito: l'e-commerce. Tutti ne sono affascinati, ma nessuno si è davvero lanciato sul web. Questioni tecnologiche da superare? Nemmeno per sogno. Investimenti eccessivi? Assolutamente no. Problemi logistici legati alla consegna dei prodotti, magari all'altro capo del mondo? Anche questi superabili. Il punto sono le resistenze dell'attuale forza vendita, che vede internet come un concorrente in più in un momento di difficoltà.

Un dato è sicuro: tutte le strategie legate al potenziamento e alla crescita della rete di vendita non possono prescindere dall'ICT. E in questa direzione gli imprenditori del mobile-arredo della Brianza sono disposti a investire. Saranno necessari nuovi server, potenze maggiori, architetture hardware più sofisticate. Cliente, che cosa si fa per te...

Molteni
Il segreto della doppia rete, corta e lunga

D'accordo, la Molteni è un'azienda che ha fatto la storia del mobile made in Italy. Nata nel 1936, è stata sempre capace di crescere (del gruppo fanno parte Molteni & C., Unifor, Dada e Citterio, per un fatturato di 270 milioni e un totale di 900 addetti) e di innovare prodotti e processi (è stata la prima a importare macchinari dalla Germania per la lavorazione del legno e oggi l'automazione rappresenta un vanto). Ha dunque avuto un ruolo trainante per il distretto della Brianza. Di più, per lo sviluppo dell'intero settore. Ma tutto questo non basta. E la domanda chiave rimane: come si fa ad arredare l'Hilton Tower Bridge di Londra, le boutique di Cartier a Parigi e New York, il quartier generale della Serono a Ginevra, la nave da crociera *Queen Victoria*, a lavorare con i più importanti architetti e designer del pianeta, a possedere una cinquantina di brevetti tecnologici, e nello stesso tempo a continuare a essere un punto di riferimento per milioni di famiglie, a entrare nelle case di mezzo mondo con tavoli e sedie, insomma con quelli che da sempre sono i mobili base? Non solo. Come è possibile mantenere la testa e il cuore industriale in Brianza ed essere riusciti da lì a conquistare 60 paesi di ogni continente (dall'export proviene il 70% dei ricavi)? La risposta ha provato a darla Aldo Bonomi, sociologo dei distretti, grande conoscitore delle dinamiche della piccola e media impresa. All'inaugurazione del museo multimediale recentemente installato nella sede della Molteni, a Giussano (provincia di Monza-Brianza), Bonomi l'ha riassunta così: occorre muoversi con un sistema a rete. Reti corte, per conservare il legame con il territorio di origine, con i saperi e le conoscenze che il territorio esprime e aggiorna continuamente. E reti lunghe, per essere connessi con il mondo, per raccogliere le idee, gli input, i bisogni che nascono ai quattro angoli del globo.

Verissimo: la doppia rete è il segreto della Molteni.

La rete corta è costituita dalle radici ben piantate nel distretto del mobile brianzolo: nel raggio di una trentina di chilometri si trovano i cinque siti produttivi, i fornitori, i quattro centri R&S. È un controllo qualità diffuso, che avviene sul campo e abbraccia completamente la filiera: qualcosa che va ben oltre le 700.000 ore dedicate ogni anno al controllo qualità dei prodotti in senso stretto.

La rete lunga, invece, nasce a partire dalla metà degli anni Settanta, quando il gruppo si apre al particolare mercato del *contract*, i grandi progetti nelle capitali europee, negli Stati Uniti, in Medio Oriente, i musei, le ambasciate, i teatri, gli headquarter delle multinazionali. L'occasione per lavorare a diretto contatto con i maggiori architetti e designer del mondo: Carlo De Carli, Aldo Rossi, Luca Meda, Afra e Tobia Scarpa, Michele De Lucchi, Patricia Urquiola, Jean Nouvel, Norman Foster... «Collaborazioni preziose», spiega Carlo Molteni, presidente e amministratore delegato del gruppo, «che rappresentano un'eccezionale spinta all'innovazione e finiscono per alzare il tasso di eccellenza non solo dell'azienda ma pure di fornitori e terzisti. Bisogna sviluppare ricerca sulle tecnologie, sui materiali, sulla funzionalità. Ed è necessario presentare non tanto oggetti, pur bellissimi, ma soluzioni chiavi in mano. Alla fine vanno in porto, cioè sfociano in una commessa, tre operazioni su dieci? Pazienza, è tutto know-how internazionale che presto o tardi verrà utile».

Il mercato del *contract* ha regole ben definite. Architetti e designer espongono le loro esigenze. In quel di Giussano si mettono all'opera prima ancora di avere la commessa in mano. Obiettivo: proporre un'idea su misura a un prezzo non superiore del 10% rispetto alle produzioni standard esistenti sul mercato. I 70 uomini sparsi nei quattro centri ricerche studiano i materiali e le tecnologie più adatte e preparano al computer una serie di progetti utilizzando programmi CAD.

Quindi, grazie a macchine prototipatrici *printsystem* 3D, viene realizzato un modellino in resina a scala ridotta. Uno dei fiori all'occhiello della Molteni è la fornitura degli arredi (espositori, armadi, tavoli eccetera) per le 130 boutique Cartier sparse in Europa e Nord America, cui presto se ne aggiungeranno un centinaio in Giappone, Cina e Far East. Bene, solamente per le vetrinette di Cartier sono stati sfornati e portati a Parigi una trentina di modellini. Successivamente si predispone il prototipo vero, a grandezza reale e costruito con i materiali prescelti. A quel punto resta la parte più importante: convincere il cliente che l'idea è la migliore possibile e acquisire l'ordine. Una volta messa la firma sul contratto, è fatta: si passa alla produzione.

Il caso Cartier è estremamente interessante: oltre a un forte impegno per la qualità, l'innovazione e la personalizzazione dei prodotti, ha infatti costretto la Molteni a una profonda riflessione sull'impiego delle tecnologie digitali, peraltro introdotte a partire dal 1968 (il primo, enorme, calcolatore elettronico IBM) e progressivamente adottate per la gestione degli ordini, la movimentazione del magazzino e i processi produttivi (il funzionamento dei macchinari a controllo numerico). Cartier, come tutti i grandi clienti e forse più di tutti gli altri, ha preteso un sistema complessivo di arredo e di funzionalità. Ha voluto, per esempio, l'integrazione nelle vetrinette dell'illuminazione a led. Per non parlare dell'impiantistica legata alla sicurezza. Il nodo centrale, allora, si sposta: non riguarda tanto la bravura nel fabbricare e vendere mobili, pur pregiati, pur su misura, bensì l'attenzione nel seguire e assistere il cliente nella fase post-vendita. In sostanza, tutto deve funzionare alla perfezione. Occorre che le antine si aprano sempre, bisogna sostituirle immediatamente se si rompono, e così via. Ma è indispensabile anche che si accendano le luci, che l'antifurto non vada in tilt ed entri in azione al momento giusto. Insomma, va garantita la manutenzione ordinaria e straordinaria, è obbligatorio assicurare la perfetta efficienza del sistema a ogni ora, a qualsiasi latitudine e longitudine.

La Molteni ha risposto creando nelle sedi di Giussano e New York postazioni di assistenza remota (la prima per l'Europa, la seconda per il Nord America). Strutture nate appositamente per i negozi Cartier.

I titolari possono chiedere indicazioni su ogni genere di problema, certi di trovare personale qualificato in grado di proporre il rimedio giusto, in molti casi operando direttamente online. Non basta. In vista dei programmi di sviluppo di Cartier in Estremo Oriente, Carlo Molteni ha deciso di allestire una piattaforma tecnologica a Hong Kong. Da lì si farà assistenza remota per i negozi del Far East. E il progetto va oltre. La piattaforma di Hong Kong dovrà essere perennemente collegata in rete con il quartier generale dell'azienda. Avrà a disposizione tutte le specifiche tecniche, una per una, dei prodotti (anzi, delle singole parti: solamente una vetrinetta è composta da 40 pezzi), e dall'Italia avverrà il continuo e mirato invio dei ricambi. Ancora, grazie alla connessione con i reparti di produzione e il magazzino, Hong Kong fungerà da centro di smistamento degli ordini, così da garantire tempi di consegna più rapidi e, soprattutto, certi. Anche dall'altra parte del pianeta. Sembra una battuta ma non lo è affatto: Molteni, grazie all'ICT, vuole creare il just-in-time dell'arredamento sull'asse Brianza-Cina.

Nel frattempo l'azienda ha avviato un'analisi sull'importanza del sito web e sul ruolo che internet potrà avere in futuro. «Abbiamo 3 milioni di contatti unici all'anno, con picchi di 10.000 contatti giornalieri durante il Salone del mobile di Milano», dice il direttore generale Giovanni Del Vecchio. «Saremmo sciocchi se non ci ponessimo nell'ottica di sfruttare al meglio questo potenziale». Al momento il web viene utilizzato nei punti vendita per guidare i clienti all'acquisto, per fornire loro simulazioni di ambienti arredati con prodotti Molteni. In pratica, si montano e si smontano i vari componenti fino alla scelta giusta, con tanto di preventivo effettivo pezzo per pezzo: la metà dei 600 negozi sparsi ai cinque continenti offre già questo genere di servizio personalizzato. Il gruppo, tuttavia, non si è ancora lanciato nell'e-commerce. «Una decisione che non possiamo prendere domani mattina», sostiene Del Vecchio. «Ci stiamo pensando. Per giunta subiamo il disturbo di alcune società di vendita online che sui loro siti offrono già i nostri prodotti». Come dire: verrà il giorno in cui ci converrà proporli direttamente e in via ufficiale.

Più concreto, invece, il programma di utilizzazione delle tecnologie digitali per aumentare la qualità dei venditori. Il sogno è che tutti i negozi che distribuiscono Molteni nel mondo siano collegati in rete. Forniti di strumenti di formazione e dialogo tra di loro e con la casa madre 24 ore al giorno. In modo da avere qualunque chiarimento sui prodotti, da potere rispondere a qualsiasi richiesta o dubbio. Una sorta di aggiornamento permanente. Un valore aggiunto di professionalità. La Molteni investe milioni nella formazione e a Giussano è un viavai da ogni paese di addetti alle vendite. Il salto di qualità sarebbe preparare questa gente in loco, senza bisogno di periodi di stage in Italia. Si risparmierebbe un sacco di soldi. Ma una piattaforma articolata, creata *ad hoc*, darebbe sicuramente grandi benefici anche sul mercato. «D'altronde», conclude Del Vecchio, «la centralità dell'informazione è ormai evidentissima. Il consumatore vuole sapere la differenza fra un prodotto e l'altro, capire qual è il migliore e per quali ragioni. Aiutarlo a scegliere è un dovere. E nello stesso tempo una strategia di successo».

B&B Italia
Server virtuale, innovazione reale

Rolando Gorla, responsabile del Centro ricerche della B&B Italia, ne parla con orgoglio: «Perché è bello, per il modo in cui è nato e per il valore simbolico che ha: è il nostro millesimo progetto». Si chiama Bend Sofà, il divano a linee curve firmato da Patricia Urquiola che l'azienda di Novedrate (provincia di Como) ha presentato nell'aprile 2010 al Salone del mobile di Milano. Bend sta lì a testimoniare la vocazione innovativa della B&B. Una vocazione di lunga data, visto che fin dalla nascita, nel 1966, il fondatore Ambrogio Busnelli ha sempre voluto coniugare l'avanzata tecnologia industriale con il design. Un mix vincente. Che trova il suo simbolo già nel quartier generale del gruppo, progettato fra il 1971 e il 1973 da Renzo Piano e ormai entrato nei sacri testi di architettura. B&B Italia ha oggi 500 dipendenti e 160 milioni di fatturato, l'80% provenienti da 54 paesi del mondo. Si articola in due divisioni: home, per i mobili da casa, e *contract*, che si occupa dei grandi progetti chiavi in mano. Può contare su 7 *flagship store*, 18 negozi monomarca, 750 punti vendita e 70 *shop-in-shop* (corner dedicati nei grandi negozi plurimarca) da New York a San Paolo, da Dubai a Tokyo, a Hong Kong.

Un alfiere del made in Italy. Merito dei designer, certo: da Novedrate sono passate le maggiori firme italiane e internazionali. Ma anche di innovazioni vere. B&B nel 1972 ha lanciato i letti imbottiti. Quanto ai divani, è stata la prima a sostituire i telai in legno con quelli in acciaio. Mentre sul versante industriale, per fare un esempio, ha messo a punto un sistema unico di schiumatura del poliuretano che prevede l'iniezione della sostanza da parte di robot a controllo informatico direttamente negli stampi di divani, poltrone e sedie. Il risultato sono mille prodotti di successo. Come appunto Bend Sofà.

Gorla ne racconta la genesi. Ed è illuminante sul percorso che conduce da un'idea alla produzione. «Lo spunto di partenza è quasi sempre nostro poiché conosciamo i buchi nel nostro catalogo, il mercato, la concorrenza», spiega. «In questo caso, pensavamo a un divano componibile, ma con moduli importanti, vicini ai 2 metri di lunghezza, destinato a un pubblico giovane e perciò con un prezzo accessibile. Questione non di poco conto, dal momento che ci avevamo tentato altre volte senza mai centrare il target: in sostanza, avevamo sconfinato sul prezzo. Io e il presidente, Giorgio Busnelli, facciamo un brief con la Urquiola e le esponiamo le nostre esigenze. Dopo qualche settimana ci ritroviamo sulla scrivania i primi disegni di Bend. Scopriamo che ha forme tondeggianti, curvilinee. Ci piace. Diamo l'ok».

A questo punto entra in scena il centro ricerche, autentico cuore della B&B (l'azienda investe in R&S il 3% del fatturato). Vi lavorano 25 specialisti, che operano in autentici laboratori in cui si affrontano tutti i problemi: legati alla gomma, al cucito (tessuti e pelli), alla falegnameria, alla meccanica, alla plastica. I tecnici si rimboccano le maniche e con sette fasi successive giungono a preparare il prototipo. Trascorsi cinque mesi, si organizza la presentazione agli addetti al commerciale. È il secondo ok. Rimane un particolare: Bend va industrializzato e ingegnerizzato, occorre preparare tutti i disegni, pezzo per pezzo, con programmi tridimensionali, da passare in produzione. La palla passa all'ufficio tecnico, che provvede anche alle necessarie prove di seduta e durata (B&B ha una sala test con macchinari appositi). «Alla fine», conclude Gorla, «sono stati necessari nove mesi per farlo giungere ai negozi. Non male: per alcuni prodotti, però, abbiamo impiegato persino due anni». Per fortuna innovazione fa spesso rima con tradizione: il progetto numero uno, del 1966, la poltrona Coronado, di Afra e Tobia Scarpa, è ancora in produzione.

Anche B&B, tuttavia, come molte altre aziende del settore, specie quelle con un marchio alto, ha un problema a valle del processo creativo e produttivo: migliorare, ottimizzare, perché no, controllare la rete di vendita. E in particolare di sfruttare al meglio le potenzialità offerte in questo campo dall'ICT. «Pur nel pieno della crisi, abbiamo aumentato gli investimenti sul sistema distributivo», chiarisce Lucia Nadal, brand manager. «Per cominciare ci siamo concentrati sui negozi monomarca, aprendone cinque o sei in città strategiche. Quanto agli *shop-in-shop*, vogliamo rapidamente arrivare a cento. Inoltre abbiamo moltiplicato le ore di formazione e le attenzioni riservate ai decision maker, vale a dire ai designer e agli architetti». E allora? «Il percorso di crescita rimane molto lungo». Basta una considerazione: nonostante l'impennata nell'uso di computer e posta elettronica degli ultimi due anni, molti venditori dialogano ancora con l'azienda via fax.

Lucia Nadal, però, ha le idee chiare riguardo al futuro. «Per il momento il nostro software di progettazione è a disposizione solamente dei negozi monomarca e dei *flagship store*, ma l'intenzione è di estenderne l'uso all'intera rete. L'obiettivo è che il venditore si metta davanti al computer, con il cliente o il professionista al fianco, e monti e rimonti gli ambienti, faccia proposte di prodotto, di colori, personalizzi le dimensioni». Il passaggio successivo è l'ordine diretto al commerciale: una volta avuto l'ok dal cliente, con tanto di preventivo in mano pezzo per pezzo e di certezza sui tempi di consegna, deve bastare un clic per inoltrare l'ordine e passarlo alla produzione. «Sono scelte strategiche importanti», sostiene Nadal. «Le difficoltà da superare non sono tanto di natura tecnica, anche se logicamente vanno creati i supporti informatici per sostenere questo genere di operazioni. Il fatto è che ci sono resistenze da vincere da parte dei negozianti. Senza contare che il sistema della progettazione e dell'ordine diretto non ammette errori, altrimenti il meccanismo si inceppa».

Un discorso a parte merita l'e-commerce. «La rete di distribuzione vive internet come un rischio, qualcosa di penalizzante», ammette Nadal. «Anche per questa ragione non vendiamo direttamente online. Per ora ci siamo limitati a qualche esperimento, con nicchie di prodotto. Il mondo del web comunque è molto affascinante, un'opportunità straordinaria. Un'azienda come B&B non può non esserne attratta. Di più: ha il dovere di esplorarlo».

Sono strategie di medio periodo. Intanto la B&B si è portata avanti investendo sull'hardware. Con tre linee guida: ricercare maggiore potenza, per fare fronte al moltiplicarsi delle esigenze aziendali; migliorare l'efficienza e la flessibilità di gestione; riuscire a fare fronte ai picchi produttivi. Così a fine 2009 è stata avviata la virtualizzazione dei server. Attualmente l'azienda ne ha 15 fisici e 25 virtualizzati, per un totale di 40 operativi, con una potenza disponibile di 12 terabyte, destinata a raddoppiare entro i primi mesi del 2012. «È sufficiente pensare», dice Andrea Campi, responsabile ICT, «che non abbiamo ancora finito di trasferire in digitale l'archivio di progetti, disegni, foto e filmati. Da solo richiede uno spazio incredibile, ben superiore a quanto immaginavamo».

I principali server sono dedicati alla posta elettronica, alla condivisione dei file intragruppo, ai regolamenti e riconoscimenti di accesso (*domain controller*), all'aggiornamento degli antivirus e dei sistemi antispam. Poi ci sono quelli su cui gira il gestionale aziendale, pronto per essere sostituito con un software in grado di offrire il conto economico reale, giorno per giorno, anzi minuto per minuto. Quanto alla fabbrica, la produzione si muove con un sistema di codici a barre: i macchinari lo leggono e seguono le indicazioni per le varie fasi di lavorazione. In questo modo, tra l'altro, è possibile sapere a che punto è lo stato di avanzamento di ogni prodotto (e di conseguenza conoscere gli eventuali ritardi nella consegna).

Un'architettura avanzata, ancorché in continua evoluzione. «Vogliamo arrivare», sostiene Campi, «alla preparazione di filmati 3D con una grafica sofisticata per la presentazione dei prodotti al pubblico e soprattutto per le spiegazioni tecniche alla forza vendita. Ma il vero sogno si chiama casa virtuale: installare nei negozi configuratori affascinanti e *user frendly* per creare gli ambienti prendendo e variando i vari componenti. Qualcosa che faccia entrare il cliente nel salotto o in camera da letto, che gli dia la sensazione di sedere a tavola o mettersi davanti alla televisione. Un progetto molto bello, per il quale abbiamo avviato una collaborazione con il Politecnico di Milano. A parte le questioni tecniche, a poco a poco superabili, sarebbero necessari ulteriori investimenti anche nell'hardware. Vedremo».

Boffi

Vuoi cucinare i clienti? Irretisci i venditori

«Siamo artigiani a controllo numerico». Paolo Boffi sorride sornione. Lo slogan, d'altronde, è efficacissimo. Riassume alla perfezione il mix vincente della sua impresa, leader a livello mondiale nelle cucine e oggi produttrice anche di arredi per il bagno e armadi: «Una massa critica di offerte che pochi concorrenti possono vantare». L'artigianalità si concretizza nella forte personalizzazione dei prodotti, oltre che nelle finiture di eccellenza, *in primis* l'accuratezza della verniciatura. Dietro, però, c'è l'hi-tech, rappresentata appunto da macchinari a controllo numerico, dal ciclo produttivo interamente automatizzato, dalla gestione degli ordini informatizzata.

La Boffi di Lentate sul Seveso (provincia di Monza-Brianza), impresa nata addirittura nel 1934, oggi fattura 60 milioni, di cui due terzi provenienti da una cinquantina di paesi nel mondo, e ha 200 dipendenti. Paolo non nasconde la soddisfazione: «Abbiamo rinnovato gli impianti, investito in tecnologia per il magazzino, che attualmente ruota la bellezza di 10-12 volte all'anno, verticalizzato grazie all'apertura di 20 negozi controllati direttamente, quattro inaugurati solamente nel 2010, ai quali se ne aggiungono una quarantina in franchising». Non a caso l'azienda ha attraversato la crisi senza troppi scossoni. E adesso è pronta per ripartire alla grande. «Entro il 2011», anticipa il presidente, «ci presenteremo sul mercato con una cucina completamente inedita, che manterrà tutte le caratteristiche di qualità Boffi ma sarà più semplice e avrà un prezzo più accessibile. Proviamo ad allargare il target, la stessa strada sulla quale hanno deciso di muoversi molte aziende del lusso, in ogni settore. La cosa veramente bella, tuttavia, è un'altra: abbiamo fatto uno studio fantastico, è stata l'occasione per trovare soluzioni di materiali, tecnologiche, ingegneristiche persino impensabili».

È difficile immaginarlo, ma una cucina è come un'automobile. Per il cliente-consumatore l'impegno richiesto è molto simile: bisogna scegliere bene, tanto la cucina quanto la vettura devono adattarsi alle proprie esigenze, occorre informarsi a dovere perché non sono acquisti che si fanno di impulso. Oltretutto è più o meno uguale la spesa da sostenere. Il parallelismo tiene pure se si guarda l'altra faccia della medaglia, cioè il fronte aziendale: lanciare una nuova cucina è come lanciare un nuovo modello di auto, magari non proprio sul versante tecnologico ma sicuramente sul piano dei tempi e della conoscenza del mercato. «Bisogna guardare avanti almeno di cinque, sei anni», garantisce l'amministratore delegato Roberto Gavazzi. «Dall'idea iniziale elaborata dai creativi e dai designer alla presentazione del prototipo trascorrono anche due anni, perché l'ufficio tecnico deve scegliere i materiali, definire gli aspetti tecnologici, infine disegnare e codificare a uno a uno le centinaia di parti che la compongono. Un altro anno può passare per l'ingegnerizzazione e la messa in produzione, periodo nel quale, tra l'altro, si individuano e si selezionano i fornitori. Infine, è necessario un anno ancora per fare arrivare il nuovo modello a tutti i negozi nel mondo e per far sì che i venditori siano preparati per spingerlo nei confronti della clientela».

Insomma, quello delle cucine è un segmento particolare nel pur particolare settore del mobile-arredo. Gli elementi di rigidità sono molti e impattano notevolmente sui costi fissi. Conclusione: un'azienda come la Boffi deve essere innovativa per forza. A cominciare dall'aspetto più importante: la progettazione. «Nel corso degli anni», sostiene Gavazzi, «abbiamo fatto un grosso lavoro di ricerca sui materiali, siamo stati i primi a eliminare la formaldeide e disponiamo di una tecnologia per il poliestere che aggiorniamo continuamente dagli anni Cinquanta. Senza contare i passi avanti compiuti sul fronte della leggerezza, della compattezza e della durata. Da sempre poi puntiamo sul valore aggiunto dello stile. Avremo lavorato con una cinquantina tra i maggiori designer del mondo e con cinque o sei abbiamo un rapporto ormai consolidato. Il tutto sotto la guida di Piero Lissoni, il nostro art director».

Il risultato è un target di prodotto altissimo, in cui l'innovazione è percepita e riconosciuta ma persino data per scontata, una sorta di qualità intrinseca. Per restare agli esempi recenti, dopo l'acquisizione della tedesca Norbert Wangen, Boffi ha affiancato alle cucine tradizionali quelle in stile minimalista, a scomparsa, a metà strada tra componente di arredo e strumento tecnico. E in questa direzione va anche l'ultima frontiera, quella delle cucine a colonna, con tecnologia mutuata dagli armadi.

Innovazione permanente. La migliore risposta alle caratteristiche del mercato e alle sue rigidità rimane comunque la flessibilità aziendale. «Realizziamo tutti prodotti su misura», continua Gavazzi. «La personalizzazione è un plus, una carta vincente e nello stesso tempo necessaria per un'impresa come la nostra, di alta gamma. Per giunta questa capacità ci ha consentito di trovare nuovi sbocchi, come la nautica e l'arredo dei grandi yacht».

D'accordo. Ma che cosa significa, in concreto, flessibilità? Oggi come oggi, principalmente information technology. «La complessità la posso gestire esclusivamente con l'ICT», afferma il direttore industriale Ruggero Marelli. «I nostri mobili sono uno diverso dall'altro. Perciò vanno date le informazioni giuste al momento giusto, sia per produrli sia per controllare il ciclo». Marelli racconta: «Sono arrivato qui 16 anni fa, dopo una serie di esperienze professionali in industrie meccaniche di primo piano. Esperienze utilissime. I computer si contavano sulle dita delle mani: adesso disponiamo di 170 workstation. Immediatamente abbiamo potenziato l'EDP, anche per favorire la circolazione di informazioni tra i reparti. Abbiamo introdotto software per la progettazione direttamente in 3D adattati proprio dall'industria meccanica. Insomma, di passi avanti ne abbiamo fatti...».

Attualmente i server disponibili sono 15, battezzati con le lettere dell'alfabeto greco. Alfa è dedicato alla fabbrica, al funzionamento dei macchinari. Gamma alla gestione delle presenze. Delta ai controlli di dominio e agli antivirus. Eta alla posta elettronica. Iota ai sistemi di stampa. Su Omicron gira il gestionale. Sigma gestisce il magazzino automatizzato, dotato di un sistema di deposito e ricerca merce in radiofrequenza. Ci sono inoltre i server di condivisione dei file interni, quelli riservati agli smartphone, quelli per la spedizione della merce.

La Boffi, però, non intende fermarsi. In primo luogo c'è da sviluppare e migliorare la rete di vendita. La formazione non basta, benché l'azienda la promuova abbondantemente, allestendo addirittura tre classi, prima, seconda e terza, come a scuola. Riservati ai negozianti sono due software messi a punto *ad hoc*. Il Boffer è un sistema per stendere preventivi sulla base della disponibilità dei prodotti in catalogo: indispensabile per offrire un servizio efficace all'acquirente. L'altro, File Maker Application, è uno strumento per la gestione del punto vendita: vi si caricano i dati del cliente, gli ordini in entrata e in uscita, le varie fatture, fino a ottenere il conto economico del negozio. Questi due programmi girano direttamente su Boffitrade, un server aziendale appositamente dedicato. Il risultato è che al quartier generale di Lentate hanno il pieno controllo dei 20 negozi di proprietà (ma il sistema verrà a poco a poco esteso anche ai 40 in franchising e, se possibile, ai principali rivenditori non monomarca sparsi nel mondo). Si possono conoscere la tipologia e i quantitativi dei prodotti venduti, gli sconti praticati e i margini ottenuti, fare statistiche (per esempio riguardo alle specifiche richieste dei professionisti, designer e architetti), elaborare strategie diversificate per aree geografiche e persino gestire i reclami, risalendo alle cause del problema (difetti nei materiali, errori di produzione o di montaggio, sbagli nell'ordine).

Marelli si spinge oltre: «Sul versante della rete di vendita dobbiamo superare le resistenze attuali e arrivare all'impiego dei configuratori tridimensionali non solo nei negozi controllati da noi e nei 40 in franchising ma nel maggior numero possibile dei 250 distributori di prodotti Boffi sparsi nel mondo. L'obiettivo è allestire virtualmente gli ambienti insieme con il cliente finale, potergli dare preventivi reali, e giungere al progetto definitivo, da trasmettere direttamente al commerciale e quindi alla produzione. In questo modo aumenterebbe la precisione e, soprattutto, risparmieremmo un paio di settimane rispetto alle 8-9 che intercorrono oggi dall'inoltro dell'ordine alla spedizione». Ma il progetto più avveniristico riguarda l'evoluzione tecnologica del processo produttivo. «Il futuro è nella RFID. Basta codici a barre. Il sogno è applicare su tutte le parti in finitura, ante, cassetti, pannelli, un bel chip. Dentro riusciremmo a inserire cento, mille informazioni: variabili di colore, di larghezza, tempi di consegna, qualsiasi cosa». I vantaggi? Tempi ancora più ridotti, flessibilità ancora più spinta. E nessuna possibilità di errore.

Rimadesio
Automazione uguale personalizzazione

In un angolo ci sono ancora le prime macchine per la lavorazione del vetro. Roba degli anni Settanta, non dell'Ottocento. Eppure sembrano reperti di archeologia industriale. Oggi, nei capannoni della Rimadesio di Giussano (provincia di Monza-Brianza) campeggiano enormi banchi per il taglio laser dei materiali, macchine a controllo numerico e precisione millimetrica. C'è un impianto ad acqua per la verniciatura del vetro, meglio per la laccatura, all'avanguardia per le sue caratteristiche non inquinanti e unico in Italia. E ancora, un'apparecchiatura per l'imballaggio automatico. Su tutto, infine, spicca l'enorme magazzino robotizzato. Non sembra nemmeno di entrare in una fabbrica di arredamento, piuttosto in un'azienda di meccatronica.

La Rimadesio, nata nel 1956, è cresciuta e si è affermata nel mondo a partire dalla metà degli anni Novanta, grazie a un concetto di prodotto rivoluzionario: la porta scorrevole in vetro-alluminio. Intorno alla quale è nato un mercato specifico, fino a quel momento pressoché inesistente. È stata la fortuna dell'azienda. «L'idea vincente si chiamava Siparium. Anzi si chiama Siparium, visto che è ancora in produzione», racconta l'amministratore delegato Davide Malberti. «La nostra prima porta scorrevole, pulitissima e leggerissima, con il telaio non in legno ma appunto in alluminio, 3 centimetri di spessore: si apre con il mignolo. Per cinque anni non ne abbiamo venduta una. Poi, dal 1995, è stato il boom: finora ne avremo prodotte almeno 150.000. Siamo stati bravi ad anticipare i tempi e a tenere duro nelle difficoltà. Ma è esattamente quello che deve fare un'azienda come la nostra: leggere i bisogni della clientela, anzi crearli».

Per la Siparium, insieme con lei, la Rimadesio si è evoluta diventando da semplice vetreria una vera impresa di arredamento, acquisendo tra l'altro nuove tecnologie per nuove lavorazioni, a partire proprio da quelle per l'alluminio. Da lì non si è più fermata: nel 1995 fatturava 9 miliardi di lire, nel 2010 ha raggiunto i 34 milioni di euro, con tassi di crescita del 20-30% all'anno e investimenti in tecnologia nell'ordine del 7-8%. Alle porte, cui sono riservati 40 brevetti, la maggior parte di natura tecnologica («perché ogni prodotto viene ingegnerizzato da noi, basti pensare ai sistemi di scorrimento»), si sono affiancati componenti per interno e cabine armadio. I dipendenti sono 110, le vendite toccano 63 paesi nel mondo e l'export rappresenta quasi il 40% dei ricavi.

A differenza di molte altre aziende del settore (e del distretto, Molteni e B&B in testa), Rimadesio si avvale da vent'anni della collaborazione di un solo designer, Giuseppe Bavuso, che firma tutta la collezione. Ma design a parte, bellezza e qualità dei prodotti ormai riconosciuti a livello internazionale, il fiore all'occhiello è la totale automazione del ciclo. E sia chiaro: automazione non significa affatto standardizzazione del prodotto, al contrario si coniuga con la capacità di sfornare oggetti su misura per la clientela, con mille variabili di dimensioni, forme e colori. Un cocktail stupefacente, consentito dai massicci investimenti effettuati negli ultimi 10-15 anni. Macchinari in grado di prendere una lastra di vetro alta 3 metri e larga 2 e di tagliarne, lavorarne, temperarne pezzi in qualsiasi forma e misura, facendo bene attenzione non tanto che non vada tutto in frantumi ma che non salti fuori nemmeno un graffio. Vetro che infine viene verniciato in 60 colori diversi nel moderno impianto Ecolorsystem, dove si utilizzano esclusivamente vernici ad acqua e non si aggiunge nessun tipo di solvente. Stesso discorso per l'alluminio: immaginate aste lunghe fino a 7 metri, anche queste da tagliare, lavorare, molare, pantografare, eccetera eccetera, per farne uscire 260 varietà di profili.

«Siamo gli artigiani del Duemila», sorride Malberti. «Abili nel confezionare prodotti su ordinazione, utilizzando l'hi-tech». In questo scenario, un ruolo decisivo lo giocano specificamente le tecnologie informatiche. Non si tratta solo di far girare al meglio la fabbrica. È l'intero processo che va gestito con gli strumenti digitali, dalla definizione degli ordini direttamente presso i venditori alla messa in produzione dei componenti, alla consegna. Passando per il controllo dei fornitori e delle lavorazioni esterne. L'intera macchina aziendale va programmata per ottimizzare i tempi ed evitare sprechi di materiale e ore lavorate. Questione di risparmio sui costi, ma anche di politiche di marketing, di immagine e di fiducia presso rivenditori e clienti finali. Nel settore arredamento il tempo standard di consegna è di cinque settimane: precisione e puntualità sono fattori critici di successo e anche su questo terreno si misura la competitività.

Punto di partenza e snodo nevralgico, i venditori. La Rimadesio può contare attualmente su 20 negozi monomarca (10 in Italia e 10 nel resto del mondo) e su 800 punti vendita nei cinque continenti. L'obiettivo è che tutti i negozi siano in rete con la casa madre. Che cosa significa, concretamente? Dare a ogni venditore la possibilità di disegnare gli ambienti direttamente a computer, montando e smontando i pezzi, mostrando in tempo reale le variabili di dimensione e di colore. Un puzzle che si compone sotto gli occhi del cliente. Un'operazione che va fatta con un programma tridimensionale CAD e che come minimo deve sfociare in un *rendering*. C'è di più: si potrebbe offrire persino l'opportunità di entrare virtualmente in casa o in ufficio, in modo che il cliente abbia la sensazione fisica di trovarsi davanti o dentro l'arredamento scelto. Per ogni variabile impostata a computer si ha parallelamente il preventivo reale. Dettagliatissimo: pannello per pannello, vetro per vetro, ripiani, illuminazione, fino alle rotelle scorrevoli, al passacavi, alle viti di montaggio.

Mettendo i negozi in rete emergono in tutta evidenza la professionalità e la preparazione del venditore, la sua capacità di rispondere efficacemente alle esigenze del potenziale acquirente, il suo essere interlocutore e non controparte, il suo ruolo di *problem solver*. Parallelamente si accorciano i tempi di acquisizione degli ordini e consegna dei prodotti. In definitiva, si riduce la distanza tra azienda e mercato.

«L'*optimum* sarebbe dotare i venditori di collegamenti su portatile o tablet o smartphone», sostiene Malberti. «Così potrebbero operare direttamente nei luoghi dove gli arredi devono essere installati, senza nemmeno l'obbligo di rientrare in negozio e mettersi davanti al computer fisso. Immaginate che efficienza e quale livello di servizio potremmo ottenere».

Una volta definito l'ordine, questo viene trasmesso online al quartier generale di Giussano, dove viene verificato, convalidato e confermato. Dato il visto di ok da parte dell'acquirente, l'ordine viene girato alle linee di fabbricazione, con la data e l'ora esatta per l'invio alla fase successiva. Risultato: l'intero ciclo del prodotto, cui viene assegnato un numero, è programmato e la lavorazione segue un iter preciso, completamente informatizzato. Ogni fase viene accompagnata da un codice a barre che dà istruzioni alle macchine. Alcuni pezzi richiedono lavorazioni dell'alluminio? Ecco allora il taglio. Profilo laterale: due pezzi, altezza X, larghezza Y, colore Z. Tegolino di chiusura: modello Living, altezza, larghezza, colore. Si passa poi ai dettagli riguardanti la verniciatura. E via di questo passo fino all'imballaggio. Il prodotto prevede parti in legno? Stesso discorso. Sarà dotato di accessori? Idem, per esempio per il taglio e il montaggio dei profili.

Insomma, alla Rimadesio l'ICT guida l'ordine e scandisce il ritmo di produzione. Rimane un problema: che cosa si fa e che cosa si potrebbe fare per le lavorazioni conto terzi? In altri termini, come controllare, a livello di qualità e soprattutto di tempi, chi realizza parti in subfornitura? «Le principali aziende esterne che lavorano per noi sono in rete da qualche anno. In pratica, è come se fossero nostri reparti, solamente posizionati all'esterno, l'operatività è la stessa», chiarisce Malberti. «Per quanto riguarda le altre, i processi vengono controllati dai nostri capireparto, sempre in giro a verificare che le cose vadano come devono andare. In ogni caso, inutile nascondersi: la principale causa dei ritardi produttivi, quando si registrano, è proprio questa, la difficoltà nel gestire i fornitori e in particolare le lavorazioni esterne».

Anche in questo campo le tecnologie informatiche e digitali potrebbero consentire un bel salto di qualità. Malberti assicura che la questione non riguarda gli investimenti da effettuare ma è di natura psicologica e culturale: «Nel nostro settore, e specialmente in Brianza, il piccolo imprenditore è geloso della sua autonomia. Dovrebbe capire che muoversi in rete con un'impresa più grande non è una perdita ma un'opportunità di crescere e di migliorare la propria organizzazione». Con la tecnologia si fa squadra. Basterebbe volerlo.

Flexform
I have a dream: controllare online l'intera filiera

«Che cosa significano qualità, reputazione, leadership? Quando vai in giro e senti dire: "Vedi quel divano? È tipo Flexform"». Matteo Galimberti, 36 anni, è uno dei quattro amministratori della Flexform di Meda (provincia di Monza-Brianza), «la Bentley del salotto», come la definisce lui scherzando (ma non troppo).

Ormai sono loro, i giovani Galimberti (oltre a Matteo, Giuliano, Saul e Luca), a guidare l'azienda. E sono loro a essersi assunti la responsabilità di compiere un passo storico: mantenere la tradizione di altissimo artigianato coniugandola con l'apporto dell'hi-tech. Con una precisazione importante. Tecnologia, per Flexform, non si traduce tanto in macchinari e attrezzature automatizzate: «Molte lavorazioni vengono ancora effettuate a mano». No, significa proprio ICT: «Da anni investiamo in tecnologie informatiche e digitali il 4-5% del fatturato».

Fondata nel 1967, Flexform deve la sua fortuna alla decisione di lanciarsi nel cosiddetto "imbottito", cioè nella realizzazione di poltrone e divani. Oggi ha 55 milioni di fatturato e 130 addetti. Il 70% dei ricavi proviene dall'export, dove l'azienda opera con 8 negozi monomarca e 1.300 rivenditori sparsi sui cinque continenti. Il marchio si è via via consolidato grazie al mix di qualità dei materiali (piuma d'oca certificata "oro", legno massello, colle ad acqua, verniciature epossidiche...), di design (le collaborazioni con Cini Boeri, Joe Colombo, Sergio Asti, Paolo Nava e tanti altri bei nomi, mentre dal 1975 le collezioni sono esclusivamente firmate da Antonio Citterio) e di assistenza post-vendita (ai clienti che lo desiderano continuano tranquillamente a essere rivestiti i divani degli anni Settanta).

E l'ICT, dunque? «Il suo ruolo», assicura Matteo Galimberti, «se non in produzione, diventa sempre più decisivo lungo tutto il resto del processo». A partire dalla nascita di un nuovo prodotto, un nuovo divano. Perché il designer, Citterio compreso, propone l'idea e stende gli schizzi. Ma spetta poi alla decina di architetti, ingegneri, informatici, prototipisti del centro ricerche studiarne la fattibilità e deciderne la messa in fabbricazione.

Un percorso interamente informatizzato. Per prima cosa si preparano i *rendering* e ci si mette all'opera con programmi CAD. Obiettivo: mettere a punto il progetto definitivo. Poi, sempre a computer, si fanno prove con l'utilizzazione di diversi materiali per scegliere i più adatti. Si verifica anche la praticità d'uso, per esempio la facilità o meno nel togliere la fodera. In questa fase, inoltre, occorre parlare con i fornitori, per vedere se sono in grado di rispondere alle esigenze di costruzione. Definito il progetto finale, verificata la possibilità di realizzazione pezzo per pezzo e componente per componente, si passa alla fase due: le simulazioni di seduta, durata e usura. Superati pure questi test, si giunge al prototipo, preparato in grandezza reale e con i materiali prescelti. Insomma, persino un divano, oggi, nasce al computer. È il frutto di 6-8 mesi passati a studiarne ogni segreto sulla carta. Meglio, sullo schermo.

Rimane il fatto che la Flexform, a differenza di molte altre aziende del mobile-arredo operanti nel distretto brianzolo (su tutte la Rimadesio), non è una fabbrica ad altissima automazione. Al contrario, per le caratteristiche dei prodotti sfornati si preferisce ancora effettuare numerose fasi di lavorazione a mano. Gli impianti più importanti sono i grandi banchi in linea per il taglio laser dei tessuti. L'ICT, perciò, non trova stretta applicazione per il controllo dei macchinari. Eppure le tecnologie informatiche sono fondamentali: per l'organizzazione della produzione, la logistica, i rapporti con i fornitori, l'amministrazione. «La verità è che siamo appesi all'ICT», sorride Matteo Galimberti. «Siamo in grado di seguire la realizzazione di un prodotto minuto per minuto. Di sapere in che reparto si trova, quando verrà preso in mano e quando rilasciato per passare alla fase successiva. Per non parlare dell'acquisizione degli ordini e della consegna finale. L'intero processo è informatizzato».

Tutto parte dalla «sala comando», come la chiama Galimberti, l'ambiente "blindato" dove si trovano i quattro server. I bisogni informatici della Flexform hanno camminato di pari passo con la sua espansione e con l'aumento delle esigenze legate alla crescita. Così ci si è mossi alla ricerca principalmente di maggiore potenza disponibile per poter gestire un sempre crescente numero di informazioni e di dati. Si pensi solamente alla gestione del magazzino, con 13.000 referenze, un terzo delle quali riguarda materiale che entra per uscire successivamente in direzione delle aziende che eseguono lavorazioni specifiche (vedi i telai delle poltrone e dei divani) e rientrare di nuovo. Il tutto sulla base di una scansione di tempi rigorosissima. «In definitiva, nel campo dell'informatica siamo andati avanti fino a oggi per accumulazione» spiega Galimberti. «Ma è chiaro che prima o poi dovremo mettere mano all'architettura complessiva del nostro sistema».

Intanto, per ribadire il concetto, è in arrivo un quinto server. Verrà dedicato alla gestione di tutti i programmi di contabilità. E in particolare muoverà un software molto sofisticato che permetterà di avere sotto controllo in tempo reale il conto economico. Un monitoraggio continuo dei costi e dei ricavi. Basterà un clic. Lo scopo è ridurre ulteriormente i tempi di reazione rispetto all'andamento del mercato. In altri termini, i cugini Galimberti vogliono avere sotto mano minuto per minuto e voce per voce ogni elemento utile per affrontare eventuali difficoltà (per esempio, stimolare i venditori di aree che flettono) e programmare gli investimenti (a partire da quelli di marketing e comunicazione).

I maggiori programmi futuri di utilizzazione dell'ICT, comunque, non sono rivolti né al miglioramento dell'organizzazione interna né all'aumento della flessibilità. Coinvolgono piuttosto la rete di vendita, che per le aziende del settore rappresenta un fattore chiave di successo e nello stesso tempo un elemento di criticità. Specie per chi, come la Flexform, ha un brand forte da difendere. Un brand che deve essere valorizzato anche nel momento finale, quello della scelta da parte del cliente.

Il discorso passa attraverso la formazione e l'instaurazione di un rapporto continuo tra il rivenditore e la casa madre. Ma il traguardo è mettere tutti i negozi in rete, non solamente quelli monomarca. Significa avere la possibilità di disegnare gli ambienti su misura per l'acquirente, di fare preventivi precisi, di accorciare i tempi dell'inoltro degli ordini e della consegna, e via di questo passo. Un grande occhio puntato 24 ore al giorno sul mercato, anzi sui mercati. Pronto a cogliere le preferenze, i bisogni, le esigenze della clientela.

Matteo Galimberti si spinge oltre. Sogna addirittura un sistema di webcam che colleghi i 1.300 punti vendita sparsi nel mondo con il quartier generale. «Sarebbe fantastico entrare fisicamente nei negozi e vedere come sono allestiti gli spazi, quali prodotti vengono immediatamente proposti e quali no, capire come si muovono con i clienti i proprietari ma anche le persone addette alle vendite e i semplici commessi». Il concetto è chiaro: se uno fa divani e poltrone di altissima qualità, occorre qualcuno che questa qualità la sappia mostrare e fare capire alla gente che spende i quattrini. Gli sforzi (e gli investimenti) a monte non possono venire vanificati a valle. Tanto più che la Flexform sta spingendo per la moltiplicazione dei cosiddetti *shop-in-shop* (finora riguardano il 15% dei rivenditori), corner studiati *ad hoc* per esporre i prodotti made in Meda.

«Ovviamente», sottolinea Galimberti, «sarebbe necessario il pieno accordo dei diretti interessati. Ma dal nostro punto di vista, un sistema del genere offrirebbe preziose informazioni sulla qualità della forza vendita. Da intrecciare con i dati quantitativi, prodotti venduti, prezzi e sconti praticati, interventi di assistenza post-vendita eccetera, che potrebbero pervenirci se mai riuscissimo ad avere tutti i negozi direttamente in rete». Alla Flexform gli stage di formazione non bastano più: vogliono essere sicuri che i rivenditori sappiano fare al meglio il loro mestiere. Grazie alla tecnologia l'azienda marcia a tappe forzate verso il controllo online dell'intera filiera.

Meccatronica: il metadistretto di Vicenza e della Pedemontana veneta

Con l'ICT il tornio ha messo il turbo

Quello delle macchine utensili, dell'automazione e della robotica è da anni un settore-vanto per il paese. La tradizionale forza italiana nella meccanica (un misto di inventiva, capacità manuali unite all'ingegno, know-how consolidato nei decenni attraverso i mitici istituti tecnici) ha via via trovato molteplici applicazioni. Le aziende situate nelle roccaforti di Torino, dell'Altomilanese, del Vicentino, hanno subito nel tempo evoluzioni da romanzo, passando da lavorazioni semplicissime, al tornio, alla realizzazione di macchinari e impianti estremamente sofisticati e di assoluta eccellenza, utilizzati in qualsiasi comparto industriale. In molti casi si è deciso di entrare (o ci si è arrivati attraverso coincidenze e percorsi tortuosi) in nicchie dove è stata conquistata una leadership riconosciuta a livello internazionale. Più di recente, inoltre, le produzioni meccaniche (43,5 miliardi di fatturato complessivo, 23 miliardi sui mercati internazionali) si sono ulteriormente affinate con l'innesto di massicce dosi di elettronica e di tecnologie informatiche. Sono così nati i nuovi distretti della meccatronica, come quelli dell'Emilia Romagna (lungo l'intera via Emilia, da Piacenza a Bologna) e del Veneto (da Vicenza a Treviso, nella fascia Pedemontana).

Oggi il comparto delle macchine utensili, dell'automazione e della robotica, composto da migliaia di imprese molto diverse tra loro, circa 400 delle quali di buona grandezza, fattura 4,3 miliardi all'anno. E quel che più conta, il 61,7% dei ricavi proviene dall'export. Un export davvero planetario, capace di abbracciare ogni continente (Africa e Sud America compresi). Con la Cina che rappresenta l'ultimo terreno di conquista prima ancora che un concorrente da temere.

Elevatissima abilità progettuale (dell'intero prodotto, dai bulloni al software per la gestione degli impianti), ingegnerizzazione di prim'ordine (anch'essa totalmente interna), approccio sistemico (si vendono soluzioni e non semplici macchinari), sono le caratteristiche che accomunano le migliori aziende italiane della meccatronica. A queste armi, già di per sé vincenti, si sono aggiunti nell'ultimo decennio altri due *atout* che sul mercato fanno la differenza. Primo, la flessibilità. Che non significa tanto rapidità nelle consegne quanto capacità di sfornare impianti su misura per la clientela, con accorgimenti tecnologici specifici, dimensioni e appunto soluzioni differenziate. Non basta: spesso i progetti nascono, vengono studiati e realizzati fianco a fianco con chi li commissiona, li paga e li deve utilizzare. Secondo, l'assistenza post-vendita. E anche qui non si parla di rapidità nella sostituzione di un pezzo di ricambio, persino scontata. Piuttosto di assistenza remota, di squadre di tecnici che operano 24 ore su 24 in sede con la possibilità, grazie a sistemi informatici, di entrare nella macchina posizionata all'altro capo del mondo e il più delle volte di ripararne il guasto entro pochi minuti.

Inutile dire che le fabbriche sono autentici gioielli. Con centri ricerca d'avanguardia, robot in produzione, ICT a larga diffusione per il controllo dei processi. Tasti dolenti: gli scarsi rapporti con le università e i centri di ricerca nazionali, strutture alle quali ci si è avvicinati solo di recente, e la poca propensione ad affidarsi a società terze e consulenti esterni, che pure potrebbero contribuire ad aumentare il già alto valore aggiunto.

La ragnatela dell'innovazione

Nel Nordest, e in particolare nella provincia di Vicenza, il comparto della meccanica risulta da decenni profondamente radicato. Tanto da avere, numeri alla mano, grandissima importanza rispetto all'intera industria manifatturiera, sia per quanto riguarda l'export, sia per ciò che concerne il numero di occupati. È in questo scenario che vanno ricercate le basi per la nascita del metadistretto della meccatronica. Metadistretto perché non circoscritto a un territorio definito, ma articolato in un'area molto vasta che in pratica coinvolge tutte le province del Veneto lungo la zona Pedemontana, fino a sconfinare a Pordenone.

Già all'inizio del secolo scorso, per esempio, la Pellizzari di Arzignano (Vicenza), nel produrre trasformatori e motori elettrici, aveva cominciato a unire elementi di meccanica e di elettronica. In seguito, nei primi anni Sessanta, la Ise impiegava le nascenti idee di elettronica statica a supporto dei motori e delle movimentazioni meccaniche. Le prime applicazioni sono state sviluppate nei laminatoi, nelle cartiere, negli impianti di risalita e in un'infinità di altri campi. Nel frattempo sono germogliate nuove imprese, che hanno formato un ramo elettronico forte, andato ad affiancare una meccanica ormai consolidata. Con l'avvento del microprocessore, a metà degli anni Settanta, nasce definitivamente il comparto della meccatronica, al quale contribuiscono anche i settori delle telecomunicazioni e della progettazione di software.

Oggi un peso di rilievo lo assumono i grandi produttori di macchine per gli altri distretti produttivi, come l'alimentare, il tessile, la lavorazione del legno, il packaging. Ai quali si aggiungono leader in campi specifici, dalle attrazioni per i parchi di divertimento agli impianti di autolavaggio. Aziende che si concentrano prevalentemente nel Vicentino. Ne esistono poi numerose altre di dimensioni inferiori ma assai competitive grazie alla loro specializzazione in prodotti particolari, quali la componentistica per macchine tessili oppure gli impianti per tintorie. Inoltre si è creata una folta schiera di terzisti meccanici in grado di fornire componenti di precisione e di garantire la massima flessibilità alle imprese maggiori.

In sostanza, si tratta di un sistema altamente specializzato dove le singole imprese sono tra loro fortemente interconnesse costituendo una ragnatela produttiva. È la ragnatela dell'innovazione. Qualcosa di unico al mondo. E riconosciuto nel mondo: secondo il Monitor sui distretti di Intesa-Sanpaolo, nel primo trimestre 2011 la meccanica strumentale vicentina ha registrato un'impennata delle esportazioni del 41,9%.

Ho un progetto nel cervello. Meglio, nel cervellone

Come si producono le macchine per l'automazione? Ovvio, con macchine automatiche. Non è un gioco di parole, è la pura verità. Le aziende della meccatronica vicentina dispongono di impianti d'avanguardia, macchinari a controllo numerico per le lavorazioni di precisione millimetrica, robot di montaggio. Non potrebbe essere altrimenti. I processi sono totalmente automatizzati, i magazzini informatizzati. Già in produzione, dunque, l'ICT gioca un ruolo fondamentale. Con conseguente risparmio di costi e di tempi. Ma non è questo il punto. Dove l'information technology assume importanza decisiva è a monte e a valle, cioè nelle fasi di progettazione e nei rapporti con i clienti.

C'era una volta il tecnigrafo. Ora la progettazione avviene interamente e direttamente su computer, attraverso programmi CAD. Evolutissimi, molto belli graficamente, rapidi. Non è lavoro da poco. Quanti pezzi compongono, giusto per avere un'idea, un *rollercoaster*, una montagna russa? Migliaia. Che vanno disegnati a uno a uno. Non finisce qui. Legata alla progettazione tridimensionale è la prototipazione virtuale: il sogno (ma sul fronte squisitamente tecnologico non siamo troppo distanti) è realizzare un intero impianto, metterlo in opera virtualmente, osservarne il funzionamento prima ancora di avere prodotto un solo componente. E attenzione: ci vuole poi un archivio disegni e i singoli progetti vanno continuamente aggiornati, in condivisione con tutti i reparti competenti.

Quanto alla fase a valle, il rapporto con i clienti, l'ICT sta cambiando tanto il sistema di vendita quanto l'assistenza post-vendita. Entrano in scena i video tridimensionali e addirittura i programmi di realtà virtuale. Siccome si vendono soluzioni (questo nodo torna sempre fuori) prima che macchinari, bisogna andare dal potenziale cliente

a fare il giostraio. Ma i cavallucci realizzati artigianalmente passano di moda e bisogna cominciare a fare divertire anche i grandi. Nel 1966 fonda l'azienda. Arrivano gli ottovolanti, le montagne russe, le attrazioni sempre più sofisticate. Cambiano le generazioni e cambia la Zamperla. La svolta viene comunque da Alberto, 58 anni, ed è legata all'avvento di Eurodisney e al boom dei parchi di divertimento, in Italia, ma soprattutto all'estero, da cui proviene il 95% dei 45 milioni di fatturato (filiali che vanno dagli Stati Uniti alla Russia, da Dubai alla Cina, alle Filippine). A poco a poco nascono Gardaland, Neverland, Legoland, un lungo elenco di parchi in ogni continente (uno persino a Pyongyang, in Nord Corea, e prossimamente a Baghdad) dove la Zamperla è regolarmente capofila. Recentissimo, Coney Island, appunto, il simbolo di tutti i luna park, che l'impresa vicentina ha rifatto da cima a fondo in cento giorni.

«Il segreto è non accontentarsi mai», sostiene Alberto. «Esco da una riunione in cui mi hanno mostrato una macchina prototipatrice 3D, in grado di sfornare modellini fedelissimi dei nostri progetti: ho deciso subito di acquistarla. Attenzione, però: siamo bravi a progettare, usiamo tecnologie avanzatissime, ma siamo bravi anche a costruire. Non avere perso la nostra capacità artigianale è un grande vanto. Il binario su cui corre a 80 all'ora e a 100 metri di altezza un vagone pieno di gente deve essere perfetto al millimetro e va montato con la massima cura: noi trasportiamo persone, non ce lo dimentichiamo».

D'accordo. Ma esattamente per questo il cuore dell'azienda è l'ufficio tecnico, dove lavorano 32 tra ingegneri, fisici, matematici, informatici, divisi in quattro aree: progettazione giostre tradizionali, *rollercoaster* (montagne russe), calcoli strutturali e stress analisys, progettazione elettrica e software. Mentre il reparto artistico si occupa del vestito della giostra (dalle ambientazioni disneyane a quelle futuribili, passando per un'infinità di variazioni tematiche), è qui, nell'ufficio tecnico, che si studiano la sua reale fattibilità e le relative tecnologie tanto di costruzione quanto di sicurezza.

Lorenzo Peloso, il giovane responsabile, riassume la nascita e il percorso di un nuovo progetto come se fosse la cosa più semplice del mondo: «Partiamo dai calcoli matematici, le analisi di movimento, la velocità e le accelerazioni, per sapere come controllare ogni variabile. Se ci siamo, cominciamo a disegnare i vari pezzi che compongono l'attrazione, uno per uno. C'è quindi una prima valutazione degli ingegneri strutturalisti, per vedere se l'insieme sta in piedi oppure no. Infine abbelliamo quelle che sono semplici linee con i bozzetti provenienti dal reparto artistico e prepariamo un filmato 3D. Con quello ci presentiamo al presidente: "Dottor Zamperla, noi avremmo pensato a una cosa di questo genere. Salga a bordo. Guardi come potrebbe venire e come potrebbe funzionare. Che le sembra?". È tutto a computer, meglio, dentro al computer. Se arriva l'ok del presidente, bene, si passa alla fase due: la realizzazione vera e propria. Sennò ricominciamo da capo».

E le apparecchiature, i software utilizzati alla NASA? Vittorio Babini, numero uno dell'area calcolo strutturale e stress analisys, sorride. «L'immagine è forte: un'azienda italiana che produce giostre paragonata al meglio del meglio del settore aerospaziale. Ma tranquilli: è tutto vero. Specie negli anni Novanta, i simulatori di movimento venivano adottati davvero in poche imprese. Eravamo in ottima compagnia. Adesso sono molto più diffusi». Prendiamo la costruzione di un *rollercoaster*. Si tratta di intrecciare dati strutturali (pesi, portata, usura, durata) con le leggi della fisica (gravità, forza centrifuga, tempi di decelerazione e frenata, e così via). «Dire che l'ICT ha un ruolo fondamentale è persino banale», spiega Babini. «I programmi di calcolo, i simulatori tridimensionali e naturalmente l'hardware che deve supportare una mole imponente di informazioni devono consentirci di avere risposte sempre più rapide e affidabili».

A tutto ciò si aggiunga la questione centrale della sicurezza. «Per restare alle montagne russe, gli assali, i carrelli, i binari, ogni parte ha la sua criticità. Vanno fatte precise stime di rischio per applicare su ogni attrazione sistemi di ridondanza capaci di evitare qualsiasi genere di problema». Calcoli e simulazioni, simulazioni e calcoli. Attività per le quali la Zamperla, di recente, ha stretto collaborazioni con le facoltà di ingegneria di Perugia (per l'implementazione dei software) e di Padova (in particolare per i materiali e le strutture saldate).

Non finisce qui. Bisogna pure che la gente si diverta. «Quando i computer ci danno i risultati delle forze in campo, li confrontiamo con i valori fissati dalle normative internazionali, basati su studi scientifici, prevalentemente destinati a uso bellico», continua Babini. «Ci sono limiti da non superare, perché il corpo umano non sopporta determinate pressioni. Oppure ci sono sforzi che possono essere tollerati solamente dagli adulti, da cui la classificazione delle attrazioni: vietate ai minori di 18 anni o per tutti. Come se non bastasse, qui si apre un ulteriore terreno tecnologico: alcune sensazioni, infatti, possono essere contenute con determinate cellule, o con poltrone speciali, o semplicemente con le cinture».

Solo alla fine, se tutto quadra, si passa alla vera costruzione della giostra, componente dopo componente. Per giungere all'atto finale: il montaggio, sull'enorme piazzale davanti al quartier generale della Zamperla. È il momento della verità. Quello in cui si verifica, strumenti di misurazione alla mano, se gli effetti reali sono uguali a quelli previsti in fase di simulazione. «Le risultanze sono ormai sovrapponibili al cento per cento», assicura Babini.

Capito come nascono le giostre made in Altavilla? Chiaro il motivo per cui, dall'idea di partenza al collaudo, passa almeno un anno? Allora è facile intuire anche il ruolo strategico ricoperto dall'informatica, vuoi per il particolare settore in cui l'azienda opera, vuoi per l'esigenza di rispettare gli standard di sicurezza a livello internazionale. Di più: la Zamperla è stata tra le prime (medie) imprese italiane a credere nell'ICT come motore dell'innovazione e dello sviluppo.

Fin dal 1994 sono arrivati i primi software Ideas per la progettazione bi e tridimensionale. «Un investimento notevole per l'epoca», afferma Alfredo Giuffrida, responsabile dell'ICTD, l'Information Communication Technology Department. «Quattordici workstation complete, ognuna delle quali costava 60 milioni di lire». In seguito ci sono state continue evoluzioni e tra l'altro la totale migrazione al sistema Windows e al mondo Microsoft. Tre anni fa, inoltre, si è investito sulla megaoperazione di virtualizzazione del server, grazie alla quale la Zamperla può attualmente contare, partendo da 9 server fisici, su 19 server virtuali: «Abbiamo risparmiato spazio, ridotto i consumi e moltiplicato la potenza», elenca Giuffrida. «Questioni centrali, considerato che le workstation nel frattempo sono diventate 110, i programmi si sono evoluti, le possibilità grafiche e multimediali sono diventate infinite. In parallelo sono notevolmente cresciute le esigenze di gestione interna, dai macchinari all'amministrazione. Senza contare la necessità di aumentare i processi di condivisione: il server utilizzato come banca dati dei disegni dei prodotti, per esempio, conterrà 70-80.000 progetti che vanno continuamente visti e revisionati dai vari reparti competenti, quello artistico, quello tecnico, quello elettrico e software, quello meccanico». Sul fronte dell'organizzazione del lavoro e del processo produttivo, invece, va segnalata, alla fine degli anni Novanta, l'adozione di un sistema di logistica avanzata per il magazzino, che comprende anche la gestione wi-fi su portatile del carico e scarico delle merci: «Abbiamo ridotto di due terzi i tempi necessari per il reperimento del materiale».

Peccato che Giuffrida non sia tipo da accontentarsi. «È giunto il momento di rivedere l'intera piattaforma tecnologica e di avviare un programma di sviluppo quinquennale. Stiamo studiando le soluzioni migliori. Vanno trovate le risorse finanziarie, bisogna mettere sul piatto della bilancia costi e benefici. Dobbiamo sposare potenza, flessibilità e sicurezza».

Intanto preme una nuova esigenza: quella dell'assistenza remota. Un problema inesistente fino a quando la manutenzione veniva effettuata direttamente dal proprietario della giostra, mentre adesso si stendono i primi contratti che prevedono l'assistenza a carico del produttore. Il presidente Alberto Zamperla su questo terreno si muove con cautela. «Ma in pratica», conclude Giuffrida, «le nostre attrazioni escono già oggi con software che consentirebbero l'assistenza remota e comunque non sarebbe difficile dotarle di appositi transduttori. Basterebbe organizzare il monitoraggio qui ad Altavilla. Potremmo facilmente intervenire su aspetti elettrici e softwaristici senza muoverci da casa». Come dire: divertimento garantito, 24 ore al giorno, in ogni angolo del pianeta.

Mariani
I robot del packaging cresciuti bevendo cartoni di latte

«Plastica... Figliolo, il futuro è nella plastica...». Ricordate la scena cult de *Il laureato* e il famoso consiglio ricevuto da un giovanissimo, stralunato Dustin Hoffman? Qualcosa di simile accadde a Mariano Mariani, sul finire degli anni Sessanta. Un giorno si ritrova davanti un signore che dice di essere il rappresentante di un colosso svedese della carta. Si avvicina e gli sussurra a un orecchio: «Tetrapak... Il futuro è nel tetrapak». Aveva ragione. Intorno al tetrapak Mariano fondò la sua azienda. E quel materiale un po' misterioso, un misto di carta, alluminio e polietilene, destinato a rivoluzionare il mondo dell'imballaggio (dal latte a qualsiasi altro alimento, al punto che tetrapak è diventato sinonimo di prodotto, come la Vespa e l'Aspirina), è stata una sorta di manna discesa dal cielo.

L'episodio è un po' romanzato, ma Paolo, ingegnere, nipote di Mariano, lo ricorda volentieri, con il sorriso sulle labbra. La Mariani di Carrè (provincia di Vicenza), leader nella realizzazione di impianti per il packaging industriale, 25 milioni di fatturato (l'85% dei quali in 45 paesi esteri), 120 dipendenti, è nata così. La Tetrapak è appena sbarcata in Italia e vuole convincere le varie centrali del latte a distribuire il prodotto non più in bottiglia ma dentro i suoi contenitori. «Però ha un problema», racconta Paolo, uno dei sei cugini soci dell'impresa, responsabile della parte tecnica. «Riguarda l'imballaggio delle confezioni, per poterle trasportare ai punti vendita. La Tetrapak pensa bene di rivolgersi a noi. Qui a Carrè ci studiamo sopra e sforniamo una macchina efficientissima, che non si rompe mai. Ne avremo vendute 4-5.000 in ogni continente. La prima all'estero, a metà anni Settanta, l'abbiamo piazzata alla centrale del latte di Mosca. È stato il boom del latte in cartone a lunga conservazione, del tetrapak e nostro. Non ci siamo più fermati».

L'ennesima incredibile storia della meccanica italiana. Che coincide con quella di una famiglia in cui la meccanica, appunto, è un autentico pallino. Nonno Federico ha un'officina dove si riparano camion, poi apre una concessionaria Lancia. Domenico, fratello di Mariano, comincia con l'automazione mentre lavora alla Frau di Thiene, impresa che si occupa del trattamento del latte. Da qui la conoscenza di un settore molto particolare e il contatto, fortunato, con la Tetrapak: «È il mercato che, quasi per caso, ci ha portato a occuparci di packaging». Il resto è evoluzione recente e continua. A suon di tecnologia.

Oggi la Mariani produce sistemi di imballaggio e di pallettizzazione («Ma precisiamo: noi entriamo in scena dopo il primo imballo, per capirci non tocchiamo il prodotto iniziale, i nostri impianti servono per mettere insieme più confezioni») che sconfinano nella robotica, con altissimo valore aggiunto ingegneristico, elettronico e softwaristico. I clienti sono in prevalenza i big dell'alimentare (da Danone a Nestlé, da Unilever a Parmalat), ma non vanno dimenticati altri settori: l'editoria, l'industria grafica, quella dei detersivi. Si tratta, per giunta, di macchine chiavi in mano e su misura: «Basta andare al supermercato e dare un'occhiata sugli scaffali. Non c'è un prodotto uguale: le confezioni sono lunghe, strette, larghe, quadrate, oblique e chi più ne ha più ne metta. Di conseguenza, anche le macchine per l'imballo e la pallettizzazione non possono che essere diverse le une dalle altre». In pratica, l'azienda vicentina lavora come un sarto che sceglie il tessuto, prende le misure e cuce il vestito. L'unica differenza è che stiamo parlando di impianti enormi, che costano da 150.000 fino a 7 milioni di euro.

A sentire Paolo Mariani, l'imballaggio è un'arte: «Per prima cosa bisogna concentrarsi sulla disposizione dei prodotti, cioè come metterli nel cartone o nel pallet: di fianco, incrociati, uno sopra l'altro, e quante file, e quanto peso (non a caso la Mariani ha sette brevetti attivi riguardanti la movimentazione e la tipologia di confezionamento, NDA). Stabilito questo, in seconda battuta, si comincia a progettare veramente».

L'ufficio tecnico, dove lavorano 25 persone, è il punto nevralgico. «Progettiamo tutto al nostro interno», dice Paolo. «La parte meccanica, quella elettrica, l'elettronica, i software di gestione e l'interfaccia di utilizzazione, con una grafica *user friendly* che consente a chiunque di fare funzionare l'impianto». Alla base ci sono i più sofisticati programmi CAD per disegnare tutti i componenti. Lo studio di una macchina può richiedere anche 3-4 mesi di lavoro (ne vengono sfornate 60-70 all'anno). Una volta avuti tutti i via libera, si passa alla fase di produzione, pezzo per pezzo, produzione che invece è interamente esterna, basata su una rete di fornitori di provata fiducia situati in larga prevalenza nel distretto meccanico vicentino, quindi a pochi chilometri di distanza. L'ufficio tecnico, dialogando con il gestionale, fa la distinta dei pezzi, ne individua i costi e in automatico emette gli ordini ai fornitori allegando i disegni. Quando i pezzi arrivano si provvede al montaggio e al collaudo finale. Insomma, la Mariani si è riservata i due momenti più delicati del processo: la progettazione e la messa in opera degli impianti.

Ogni sistema, peraltro, è predisposto in partenza per l'assistenza remota (dipende poi dal cliente la decisione di attivarla oppure no). A Carrè sono state allestite due postazioni attive 24 ore su 24: i tecnici dell'azienda, operando anche da casa, con un computer portatile, si collegano con il software di gestione degli impianti e, sempre che non si renda necessario sostituire qualche componente, sono in grado di intervenire per rimetterli in funzione. Ovunque si trovino, Emirati Arabi inclusi. «Per noi è un servizio fondamentale», sostiene Paolo. «Non dimentichiamo che lavoriamo in prevalenza nel settore lattiero-caseario e alimentare, dove le scadenze sono importantissime. Le macchine per l'imballaggio devono funzionare alla perfezione: certi prodotti non possono restare fermi».

E l'ICT che ruolo gioca in tutto questo? «L'information technology è stata il mio chiodo fisso da quando sono entrato qui dentro», assicura Paolo. «Siccome non possiamo automatizzare la produzione dei pezzi, quasi interamente a carico di fornitori esterni, né il montaggio finale, operazione che richiede grandi competenze umane, abbiamo cercato di ottenere vantaggi competitivi a monte. L'ICT è lo strumento essenziale che ci può garantire maggiore efficienza».

«Attualmente disponiamo di 13 server», spiega Giovanni Radin, capo dell'ICT. «L'architettura è molto buona, perché qualche anno fa abbiamo deciso di separare l'area di archiviazione storica dei dati da quella riservata all'operatività aziendale». In poche parole, nella SAN (*storage area network*) è depositato il know-how della Mariani: progetti, disegni, ma anche fotografie e filmati riguardanti gli impianti prodotti. Questa separazione, oltre a garantire maggiore sicurezza, offre notevoli vantaggi sul piano della flessibilità e della rapidità nella gestione quotidiana. Quanto agli altri server, quelli "fondamentali" sono dedicati alla messaggistica (posta elettronica, intranet), all'utilizzazione dei programmi CAD, al gestionale aziendale, agli accreditamenti (*controller* di dominio, sistemi di riconoscimento), ai servizi di stampa e telefonici (smartphone).

«Attenzione, però», sorride Paolo Mariani. «Entro il 2011 cambieremo tutto». In cantiere c'è un investimento «molto importante» (la cifra è top secret, «stiamo valutando varie offerte») per un progetto di virtualizzazione del server. «Ridurremo i consumi del 50%, risparmieremo un sacco di spazio e duplicheremo la potenza disponibile, giungendo a 3 terabyte. Per non parlare del fatto che in questo modo avremo un'operatività garantita sulle 24 ore, senza possibilità di intoppi».

L'aumento della potenza è strettamente legato ai piani di sviluppo e in particolare alle necessità del reparto tecnico. «Per prima cosa», continua Paolo Mariani, «dobbiamo arrivare a preparare ottimi filmati in 3D per mostrare il funzionamento delle nostre macchine. Ricordiamoci che facciamo impianti su misura. Ricevuti gli input, messo a punto il progetto, vorremmo presentarci al cliente, metterlo davanti al computer e dirgli: "Date un'occhiata e fateci capire che ne pensate di questa soluzione"». Il traguardo finale, poi, si chiama progettazione virtuale. «Quello sì, sarebbe il salto di qualità. Disegnare i pezzi, montare l'impianto, metterlo in funzione, verificarne l'operatività. E intervenire direttamente, fare tutte le modifiche del caso. Prima di avere prodotto un solo bullone». Si può fare, perché no. La tecnologia lo consente. «È solo questione di quattrini», allarga le braccia Paolo. Lui, nel frattempo, con la virtualizzazione del server ha già fatto il primo passo.

Ceccato

Devi lavare l'auto? Falle un bagno di meccatronica

Metti un giovane farmacista con la mania della meccanica, delle moto, negli anni Trenta, in piena epoca futurista. Già ci sono belli e pronti gli ingredienti per una storia avventurosa e intrigante. Ma non è la trama di una fiction, è tutto vero. È la storia della Ceccato di Montecchio Maggiore (per la precisione di Alte Ceccato, frazione che prende addirittura il nome dall'azienda, provincia di Vicenza), impresa leader nella produzione di impianti automatizzati per l'autolavaggio, e del suo fondatore, il mitico dottor Pietro. Un caso esemplare. Perché mette in evidenza, se ce ne fosse bisogno, il genio italico. Non solo: è la dimostrazione di come un'azienda possa evolversi nei decenni, in funzione del mercato e della competizione, cambiando tecnologie e persino settore di attività.

Correva l'anno 1936. Pietro si è appena laureato in Farmacia, ma non ne vuole sapere di medicinali e formule chimiche. È un vulcano e ha una passionaccia per la meccanica alla quale non sa resistere. Proprio nel 1936 fonda l'impresa. All'inizio produce bruciatori per i forni in cui si cuoce il pane (stanno nascendo i primi panifici). Poi, in pieno boom della motorizzazione, intuisce che il futuro è lì, nell'auto, nella velocità. Si dedica allora alla realizzazione di compressori d'aria, cui a poco a poco affianca ponti sollevatori e altri attrezzi per le officine. Nel frattempo sforna motociclette di grande successo, capaci di assicurarsi sei record mondiali di velocità e durata: nel 1960 dai capannoni della Ceccato ne escono ben 60.000. Parallelamente, nel 1957, elabora il primo sistema automatizzato di lavaggio delle auto. L'azienda si trasforma in continuazione. Il controllo passa di mano più volte. Con il tempo si mette a fuoco la mission: il settore compressori viene ceduto nel 1999 alla Atlas Copco. Carlo Dolcetta, attuale azionista di riferimento, si concentra nel campo del lavaggio. Risultato: la Ceccato (45 milioni di fatturato, il 50% all'estero, 280 addetti, di cui 150 in Italia), con i suoi impianti a rullo, a nastro o a tunnel, di ogni forma e misura, dotati di un'elettronica sofisticatissima e di tecnologie innovative per il trattamento e il riciclo delle acque, è oggi leader nel *car wash*. Non basta: produce impianti per il lavaggio di qualsiasi cosa si muova: pullman, camion, tram, mezzi speciali (per esempio per la nettezza urbana). Da ultimo si è lanciata nel promettente segmento della pulizia dei treni. E pure in questo campo ha studiato sistemi d'avanguardia: per il riconoscimento del numero di vagoni e della loro lunghezza, per la frequenza e la velocità del lavaggio, per il funzionamento a distanza senza isolare l'alta tensione, eccetera eccetera.

Insomma, si fa presto a dire autolavaggio. Uno pensa ai rulli, agli schizzi laterali, ai sistemi di aspirazione della polvere, cose di questo genere. Vuole che la macchina venga pulita e che non esca graffiata. Del resto non gli importa. Non immagina nemmeno che dietro ci siano tecnologie tanto sofisticate. In realtà, la Ceccato è un'impresa hi-tech, un piccolo campione della meccatronica made in Italy. Nel mondo sono in funzione almeno 15.000 suoi impianti di ogni ordine, natura e specie. Ma non finisce qui. Dopo avere conquistato l'Europa (aprendo tra l'altro filiali in Germania e Polonia) ed essere sbarcata in Brasile con uno stabilimento produttivo, ora l'azienda vicentina marcia a tappe forzate sulla Cina. Di recente è stata aperta una società commerciale a Shanghai, con il compito di battere palmo a palmo un mercato dalle potenzialità immense. «I dati parlano da soli», sostiene Riccardo Dolcetta, responsabile commerciale e marketing. «In Cina ci sono attualmente 45 milioni di veicoli. La cosa importante, tuttavia, è che nel 2010 sono entrati in circolazione 10,5 milioni di auto, il doppio del 2009 e di quante se ne sono vendute negli Stati Uniti. Siccome gli impianti di lavaggio saranno sì e no 2-3.000 in tutto il paese, capirete voi...».

Due sono i filoni principali di ricerca tecnologica e innovazione: i meccanismi di automazione e i sistemi di trattamento, smaltimento e riutilizzazione delle acque. «Per quanto riguarda il primo aspetto siamo all'hi-tech pura», sorride il direttore generale Sergio Vinci. «Ormai prepariamo software, e lo facciamo noi direttamente, che individuano non solo le sagome di qualsiasi veicolo ma anche le sue sporgenze. Che so, il portasci o il portabiciclette o i fanali aggiuntivi sul tetto di un pick up. Tutto».

L'elettronica è la componente che fa l'eccellenza degli autolavaggi Ceccato. Gli impianti sono dotati di sensori ottici, fotocellule e di una serie di altri strumenti per il riconoscimento automatico. Poi ci sono i plc, in pratica piccoli computer che montano i software di gestione dell'apparecchiatura, dove sono raccolte migliaia di variabili dettate dall'esperienza accumulata in cinquant'anni. Software che per giunta devono essere continuamente aggiornati, in conseguenza dell'avanzamento delle tecnologie o semplicemente dell'arrivo sul mercato di un nuovo modello di vettura. Infine c'è tutta una parte informatica, la cui importanza sta crescendo in modo esponenziale, che riguarda l'interfaccia con il cliente: filmati, comandi vocali, supporti multimediali con le istruzioni d'uso e le opzioni disponibili. Vuoi lo schizzo d'acqua incrociato? Ti va il doppio risciacquo? Quale essenza profumata preferisci?

Ecco il motivo per cui il reparto elettronica e sviluppo software, nel quale lavorano una decina di ingegneri e informatici, è il fiore all'occhiello dell'azienda. Insieme, va detto subito, con l'ufficio ricerca e sviluppo, in cui operano 20 specialisti che intrecciano competenze elettroniche, meccaniche, pneumatiche, chimiche. Qui si progettano e ingegnerizzano i nuovi prodotti da lanciare sul mercato. Operazioni che partono con lo studio a computer su programmi CAD e terminano con simulazioni di funzionamento, durata e usura.

Reparto elettronica-software e centro ricerche si muovono a stretto contatto. E sono comunemente impegnati sul secondo fronte di sviluppo tecnologico dell'azienda: l'inquinamento e la sostenibilità ambientale. Concetti che, applicati al settore, significano risparmio energetico e soprattutto trattamento e riutilizzo delle acque. «Oggi arriviamo al riciclo dell'80% delle acque impiegate», sottolinea Vinci. «Ma il traguardo del 100% è vicino. Anzi, dal punto di vista tecnologico l'abbiamo già centrato. C'è però un freno di costi che ne rinvia l'uscita sul mercato. Dobbiamo realizzare impianti avanzati ed efficienti, ma dobbiamo anche venderli a prezzi competitivi. L'impianto a circuito chiuso dovrà costare al massimo un 20-30% in più: per arrivare a questa soglia dobbiamo ancora lavorare».

Naturalmente la Ceccato è un'azienda molto informatizzata sia sul versante dell'organizzazione produttiva interna (il controllo dei macchinari per l'assemblaggio, il montaggio e la verniciatura), sia nella gestione dei fornitori e dei distributori, sia per quanto riguarda i rapporti con la clientela finale. Investe in tecnologia il 4,5% del fatturato annuo e la metà è destinata strettamente all'ICT. Quattro server fanno girare tutta la fabbrica, un quinto è appena arrivato. Il server centrale è riservato all'ERP e ai vari programmi di gestione e amministrazione. Gli altri tre sono dedicati alla posta elettronica, ai sei siti internet in lingue diverse (tutti comunque residenti nella casa madre), al servizio di manutenzione e assistenza tecnica. Il quinto server, nuovo di zecca, viene utilizzato come interfaccia per la rete di vendita e contiene ogni informazione sui prodotti (listini prezzi compresi), suggerimenti per la configurazione di impianti su misura, istruzioni per il montaggio e così via. Una delle prossime tappe sarà aprire questa sezione tecnica direttamente alla clientela, magari studiando meccanismi di accesso e di interattività più semplici, anche solo per rispondere alle curiosità.

La nuova frontiera su cui scommettere (e investire) si chiama poi assistenza remota. «La maggior parte dei nuovi impianti, specie i più complessi e costosi, esce già con supporti tecnologici che consentono il collegamento remoto con Montecchio», spiega Vinci. «Alcuni montano persino una serie di telecamerine, mosse da qui, che permettono di controllare parti di difficile accesso. Via SMS o web ci arriva un messaggio di cattivo funzionamento di un impianto. Noi siamo in grado di individuare immediatamente il tipo di guasto e in alcuni casi, quando si tratta di questioni elettroniche o legate al software e non è richiesta la sostituzione di componenti, di porvi immediatamente rimedio. Quello dell'assistenza remota rimane comunque un campo in cui possiamo e dobbiamo fare di più e meglio. In un anno riceviamo 30.000 chiamate di "soccorso", da tutto il mondo. È facile immaginare quanti soldi risparmieremmo e quale migliore servizio potremmo offrire se sapessimo sempre in anticipo l'intervento da effettuare: quanto meno ci presenteremmo al cliente con i pezzi di ricambio in mano».

Non basta. I sistemi di collegamento remoto potrebbero rappresentare per la Ceccato la base per una banca dati ricchissima. Che cosa vuole il cliente? Quanto viene usato effettivamente l'impianto? Quanto è disposto a spendere l'automobilista per un lavaggio perfetto? La lista delle informazioni è lunghissima. Tutta roba di assoluta importanza per lo sviluppo di nuovi prodotti e la pianificazione degli investimenti. Vinci porta un esempio. Con la crisi si sono ridotti anche i lavaggi dell'auto. «Sapete come facciamo a saperlo? Ce lo hanno detto i produttori di detersivi, o meglio i venditori di detersivi, che nel primo semestre 2010 hanno registrato un meno 35%. D'ora in avanti vogliamo che ce lo dicano i nostri impianti, paese per paese».

Bravo

Quant'è dolce la tecnologia

I gelati di chef del calibro di Pierre Hermé, Gianfranco Vissani, Iginio Massari? Merito (anche) di un robottino made in Vicenza. Una macchina che in fasi successive svolge le tre funzioni più importanti quando si parla di dessert: pastorizza, matura e manteca. O, se si vuole semplificare, scalda, cucina e raffredda. Non a caso si chiama Trittico ed è il fiore all'occhiello della Bravo di Montecchio Maggiore, azienda specializzata in attrezzature per la pasticceria professionale, 80 dipendenti, 15 milioni di fatturato, il 70% dei quali sull'export (a parte l'Europa, ha appena inaugurato a Singapore la consociata asiatica, presto ne aprirà una in California, ma suoi distributori sono presenti pure in Sud America e Giappone). «In un settore artigianale come il nostro, portiamo alta tecnologia ai laboratori», dice Giuseppe Bravo, l'amministratore delegato. «Consentiamo grandi volumi, flessibilità nelle lavorazioni, risparmio. Senza rinunciare alla qualità del prodotto. Anzi...».

Potenza del distretto della meccanica, meglio della meccatronica, vicentina. Dove trovi aziende che hanno vissuto un'evoluzione incredibile partendo dalle lavorazioni più banali. Proprio come la Bravo, che arriva alle attrezzature per la pasticceria «per una coincidenza, un fortunato incontro». Papà Genesio è un operaio che si muove con disinvoltura al tornio e alla fresa. Decide di mettersi in proprio e crea la BM, una piccola impresa meccanica che opera conto terzi. In seguito si butta nella fabbricazione di presse per piegare l'acciaio. Un giorno rivede un vecchio amico della Valle Zoldana, in provincia di Belluno, la famosa valle dei gelatai, che in estate si svuota perché la gente si trasferisce in Germania a vendere coni. Gli spiega che i tedeschi vanno pazzi per i gelati all'italiana, che da quelle parti i chioschi spuntano come funghi, che se uno ci sa fare il business è garantito. Genesio si mette all'opera e sforna la prima macchina per girare il gelato. Nel 1974 fonda l'azienda, già con l'intento di fare rotta verso l'estero, a cominciare appunto dalla Germania. Da quel momento la Bravo non si è più fermata. Ha fornito apparecchiature per il dessert anche agli organizzatori del G8 dell'Aquila.

Oggi l'azienda vicentina ha in catalogo una ventina di articoli di ogni genere, per preparare il gelato, le mousse, la cioccolata e qualunque altra ghiottoneria, a loro volta declinate in misure che vanno dai 5 ai 120 litri, per un prezzo variante da 3.000 a 100.000 euro. Il successo maggiore, tuttavia, è proprio il Trittico, un migliaio di pezzi venduti all'anno. La ragione è semplice: grazie a un sistema di vasche comunicanti riunisce in un'unica macchina tre funzioni diverse. Facendo risparmiare spazio, energia, acqua, tempo. «Un gioiello di tecnologia, interamente studiato e ingegnerizzato da noi», spiega Giuseppe Bravo. «Al punto da essere coperto con una ventina di brevetti». Per giunta Trittico non serve solamente a preparare il gelato. Monta una sorta di computer di bordo nel quale sono preimpostate 17 ricette, con 60 variabili, dalla crema alla granita, ai semifreddi. Basta scegliere e su un display appaiono le indicazioni: i quantitativi da mettere, i passaggi da compiere, i tempi necessari. Lui, in automatico, varia persino la velocità di miscelazione. «Non so se siamo più esperti di meccanica o di pasticceria», sorride Giuseppe Bravo. «Non per niente prima di essere spedita ogni macchina prepara due o tre specialità: è il nostro collaudo».

La verità è che i prodotti della Bravo sono il frutto di accorgimenti ingegneristici di alto livello e parallelamente di approfonditi studi organolettici. Per quanto riguarda i problemi riferiti all'igiene e al rispetto delle proprietà degli alimenti, l'azienda ha allacciato da tempo collaborazioni con le Università di Brescia e di Padova. Sul fronte progettuale, invece, si fa vanto di avere all'interno una équipe di prim'ordine. Nell'ufficio tecnico lavorano quattro specialisti che disegnano a uno a uno, direttamente su programmi CAD, i pezzi che compongono le apparecchiature in catalogo (e in alcuni casi si tratta di migliaia di componenti). Tre ingegneri si occupano poi dell'elettronica e della preparazione dei programmi software per la gestione delle macchine. La prossima tappa è la progettazione di una sorta di minicucina automatica che vada oltre i gelati e i dessert e che sia in grado di preparare aperitivi, zuppe, ragù, salse e quant'altro. «Una attrezzatura di poco spazio, semplice da usare, rapida, che sarebbe utilissima per le società di catering», taglia corto Bravo.

Diverso il discorso per ciò che concerne il versante produttivo: il 90% dei semilavorati, infatti, proviene dall'esterno, per la precisione dalla bellezza di 175 fornitori scelti a uno a uno. Al loro arrivo in azienda, un misuratore tridimensionale verifica al micromillimetro la conformità dei pezzi ai disegni originali. Un sistema gestionale perfezionato negli anni consente inoltre il controllo del materiale in entrata e in uscita e soprattutto il rispetto dei tempi di consegna. La Bravo si è riservata la fabbricazione in proprio delle parti più delicate, come i cilindri, i mescolatori, gli agitatori. E naturalmente provvede all'assemblaggio finale, per il quale si è dotata di macchinari d'avanguardia, compreso un piccolo robot per le saldature di precisione. La maggior parte delle lavorazioni, in ogni caso, vengono ancora fatte a mano.

Il risultato è uno straordinario mix di artigianato e hi-tech. Nello showroom di Parigi, capitale della pasticceria, è un viavai di grandi chef, che vogliono misurare (meglio assaggiare) la differenza tra le ricette preparate nelle loro cucine e quelle ottenute utilizzando le macchine della Bravo. «Sbarcano portandosi dietro farina, uova e cioccolato, si mettono all'opera e restano increduli».

A Montecchio sono comunque convinti che l'asso nella manica, prima ancora che nelle soluzioni ingegneristiche, risieda nella flessibilità. Delle macchine, certo. Ma anche del ciclo produttivo. «Riusciamo a soddisfare un ordine addirittura in una settimana», garantisce Giuseppe Bravo. «D'altronde realizziamo attrezzature per fare il gelato, le creme e altri prodotti fortemente stagionali. Chi compra una nostra macchina la vuole subito, non può aspettare mesi». Come è possibile, visto che il 90% dei componenti è realizzato all'esterno? «Abbiamo chiesto ai fornitori di dotarsi a loro volta di un magazzino scorte, per fare fronte rapidamente a qualsiasi esigenza. In cambio assicuriamo loro continuità di commesse e, ovviamente, un buon prezzo. Quanto a noi, non c'è problema...». Bravo s'inorgoglisce e mostra i gioielli di famiglia: i due grandi magazzini interamente automatizzati, ognuno dei quali contiene mille articoli. «Tenere il magazzino alto sarà pure antieconomico, ma per noi era una necessità. Così abbiamo investito su due impianti gestiti informaticamente, che ci hanno consentito di abbattere i costi: i magazzinieri sono stati dimezzati, da quattro a due, mentre per predisporre i pezzi necessari al montaggio di una macchina prima occorrevano tre ore e mezza e adesso sono sufficienti 35 minuti».

Il magazzino automatizzato gira in perfetta sincronia con il gestionale aziendale su un server dedicato. Altri due server sono riservati uno alla posta elettronica e l'altro all'elaborazione dei progetti e dei disegni dell'ufficio tecnico. «Per il momento la potenza è sufficiente», sostiene Bravo. Che comunque non esclude nuovi interventi sull'architettura hardware in funzione dei programmi futuri. In primo luogo i video. «Abbiamo provato a prepararne qualcuno per illustrare le possibilità offerte dalle macchine, ma abbiamo ottenuto scarso successo: i clienti vogliono fare la prova diretta, preparare personalmente e assaggiare i gelati, le mousse, le creme. Per questo abbiamo un team di dimostratori perennemente in giro. E per questo attualmente stiamo caricando in una parte riservata del sito internet solo video riguardanti l'installazione e la riparazione delle macchine».

Le prossime tappe? L'idea potrebbe essere di inserire nel computer di bordo delle macchine una serie di *video on demand*: un vero ricettario con i filmati dei grandi cuochi. Vuoi il flan di banana di Gianfranco Vissani? Ecco come si fa, te lo spiega lui stesso. Il budino di Ferran Adriá? Il semifreddo al torroncino di Fulvio Pierangelini? Tutto a disposizione. Basta selezionare, buttare l'occhio sul display, inserire la materia prima: al resto (impasti, miscelazione, agitazione) pensa la macchina, proprio come un Bravo chef. L'hi-tech al servizio dei palati fini.

KeyLine
L'hi-tech, vera chiave del successo

Nasce prima la chiave o la serratura? Massimo Bianchi, che se ne intende, scoppia a ridere: «Il mondo intero ruota intorno alle chiavi. Poi si pensa a tutto il resto». E che resto: oggi significa elettronica, supercalcolatori elettronici, software. Insomma, anche la chiave non è più quella di una volta. Rivoluzionata dall'hi-tech nel modo di essere costruita, nelle sue applicazioni, nel concetto stesso.

Bianchi è presidente della KeyLine di Conegliano Veneto (provincia di Treviso), 13,5 milioni di fatturato, il 70% dei quali sui mercati internazionali (filiali in Germania, Stati Uniti, Cina e distributori che vanno dal Sud America all'Australia). L'azienda realizza chiavi di ogni genere, natura e specie, in acciaio, ottone e leghe speciali. Ma con il tempo è diventata leader anche nella produzione di apparecchiature per la duplicazione: prima meccaniche, poi elettroniche computerizzate e con taglio di precisione al laser. Non contenta, di recente si è lanciata in un segmento molto promettente: la produzione, ma soprattutto la duplicazione, delle chiavi con transponder. Per intenderci le moderne chiavi per auto, dove con un bottoncino (in realtà un microchip) apri e chiudi le portiere, accendi il motore, ti colleghi alla centralina elettrica della vettura per attivare una serie infinita di funzioni. Risultato, una ventina dei cento dipendenti della KeyLine sono ingegneri, informatici, matematici addetti alla progettazione, alla preparazione dei software, alla ricerca e sviluppo. La chiave, prodotto vecchio quanto il mondo, è passata dal ferro alla meccatronica. Per arrivare all'ICT.

La storia di Bianchi parte da molto lontano. Ed è una meravigliosa quanto emblematica (piccola) storia industriale italiana. La sua famiglia produce chiavi da sei generazioni. Il quadrisnonno Prospero era «mastro di chiavi» a Cibiana di Cadore (Belluno) fin dal 1770: Massimo conserva a mo' di reliquia un catalogo con la dicitura «Premiata fabbrica di chiavi di ferro fucinato». A scendere dalle Dolomiti verso la pianura è stato, nel 1963, papà Camillo, che a San Vendemiano, vicino a Conegliano, fondò la SILCA (Società italiana lavorazioni chiavi e affini). Sue furono le prime macchine per la duplicazione, grazie alle quali fare una copia divenne un'operazione a portata di qualsiasi ferramenta. E sua fu l'intuizione, straordinaria nella sua semplicità, delle chiavi di colori diversi: un successo planetario. Negli anni Novanta, dopo la morte di Camillo, la SILCA si fonde con la concorrente canadese Unicam, poi la stessa Unicam viene acquisita dalla multinazionale svizzera Caba. Massimo, evidentemente, non sa resistere al richiamo della tradizione di casa, meglio della genetica, e nel 2002 ritorna a occuparsi di chiavi con la KeyLine.

A lui, però, fare chiavi, seppure particolari, non è mai bastato. Così ha scommesso sull'hi-tech. Per cominciare ha puntato sulle macchine elettroniche per la duplicazione. Sempre più piccole e precise, con software sofisticati e incisione al laser di precisione assoluta. Il tutto con un interfaccia touch screen elementare. Per non parlare della sicurezza: «Non a caso», sorride, «vendiamo le nostre attrezzature persino a Scotland Yard e alla polizia di Pechino e Shanghai. Gente che non può andare dal ferramenta...».

L'ultima avventura sono le chiavi con transponder, introdotte nel 1994 da Audi-Volkswagen e Ford, in seguito adottate da tutte le altre case automobilistiche e infine rese obbligatorie in Europa su ogni nuovo modello da due direttive comunitarie del 1995 e 1997. Il termine nasce dall'abbreviazione di *transmitter* e *responder*. Si tratta di un dispositivo di audiofrequenza trasmettitore-risponditore. In sostanza, la chiave dialoga attraverso un chip con il ricevitore, di solito posto dietro allo sterzo. Se il ricevitore non riconosce il segnale, non c'è niente da fare, le portiere non si aprono e il motore non si avvia.

Fino a ieri chi perdeva una delle chiavi in dotazione non poteva fare altro che rivolgersi al concessionario, il quale doveva ritarare l'intera centralina e consegnare al cliente due chiavi nuove. L'auto rimaneva ferma un paio di giorni. Alla KeyLine ci hanno studiato sopra e sono riusciti a inventare un meccanismo di clonazione, opportunamente coperto da brevetti.

Domanda (legittima): ma come, queste chiavi non sono fatte apposta per non essere contraffatte? Non nascono proprio in funzione antifurto e non dovrebbero essere a prova di ladro? «Nessuna contraffazione o roba del genere: il nostro sistema è sicurissimo», garantisce Bianchi. «Per ottenere un duplicato bisogna infatti presentarsi con la chiave originale e con l'auto, per il riconoscimento finale». Il duplicato, in definitiva, è una comodità in più e va a coprire un bisogno reale, magari semplicemente per dare a mogli e figli un secondo mazzo.

Spazzati via gli equivoci, rimane la questione di fondo, squisitamente tecnologica: su che cosa si basa il meccanismo elaborato dalla KeyLine? «Utilizziamo una serie di supercalcolatori appositamente dedicati, di enorme potenza e memoria», spiega Bianchi. «Uno è di nostra proprietà, un investimento recente, ed è collocato a Milano. I transponder sono di tre tipi: a codice fisso, rolling, cioè con il codice che cambia a ogni impulso, e criptati, con il codice rappresentato da una formula matematica, oggi installati sul 60% dei veicoli circolanti. Bene, i nostri calcolatori sono capaci di decifrare codici criptati sempre più evoluti, stringhe che rapidamente sono passate da 8 a 46 bit. Ora ci stiamo attrezzando per decodificare la nuova generazione di transponder, che giungerà sul mercato a partire dal 2012, con codici a 80 bit».

Per la KeyLine l'idea coincide con un'impennata di vendite: nel 2002 aveva prodotto 500 duplicatrici per 500.000 euro di ricavi, nel 2009 ne ha piazzate 1.234 per un valore di 5 milioni di euro. Per il cliente, invece, il tutto si traduce in un'operazione banale: ci si presenta con la chiave e l'auto, la macchina duplicatrice si collega con il centro di calcolo che decripta il codice ed ecco che esce la copia elettronica completa, in tutto e per tutto uguale all'originale. Piccolo particolare: il costo è almeno la metà rispetto a quello praticato dai concessionari.

Bianchi non si è fermato qui: ha appena immesso sul mercato il duplicatore portatile, Decryptor 884: una scatoletta verde e nera che potrebbe sembrare una segreteria telefonica e invece è un gioiello a metà strada tra alta elettronica e information technology. Un apparecchio leggerissimo, un chilo in tutto, da spostare a piacimento. Si inserisce la chiave dell'auto come se si infilasse nel cruscotto e la scatoletta decripta il codice segreto. Questione di trenta secondi, massimo un minuto. «Ne vendiamo a migliaia, in particolare negli Stati Uniti», si inorgoglisce Bianchi. «Wal-Mart, il numero uno al mondo nel settore della grande distribuzione, ha deciso di introdurre in tutti i suoi negozi il servizio di duplicazione delle chiavi per auto proprio utilizzando questo apparecchio».

Il concetto è lo stesso delle macchine duplicatrici più grandi, da postazione fissa: Decryptor 884 si collega con i supercomputer basati a Milano e si avvale della loro capacità di calcolo per decifrare i codici. A quel punto la testa elettronica della chiave è pronta. Basta aggiungere la parte metallica per ottenere una copia perfetta. Non solo: il software montato da Decryptor viene continuamente aggiornato in funzione dei nuovi modelli di auto che giungono in strada.

Bianchi garantisce che è possibile duplicare le chiavi di ogni vettura, entro pochissimi giorni dall'uscita. «Il successo si gioca proprio su questo, sulla rapidità, oltre che sul costo vantaggioso». Il mercato potenziale è enorme. Specialmente se ad attrezzarsi fossero i concessionari. Allora Decryptor potrebbe sfondare. «Fino a oggi le grandi case hanno cercato in ogni modo di tenere in esclusiva la duplicazione delle chiavi. Noi abbiamo creato lo strumento per rendere questo servizio facile, accessibile e aperto. In Italia incontriamo ancora qualche difficoltà, ma negli Stati Uniti sono già numerosi i concessionari che hanno acquistato Decryptor. E sono destinati ad aumentare». Penseranno: meglio che gli automobilisti vengano da noi piuttosto che rivolgersi a Wal-Mart.

Calzaturiero: il distretto marchigiano
L'alta tecnologia per fare le scarpe al mondo

C'è un vecchio detto: «Se fanno male le scarpe, dopo un po' fa male tutto». Chi se ne intende sostiene che non è affatto un luogo comune, ma la pura verità. Per estensione si potrebbe sostenere: se va male il settore scarpe, va male tutto. Proprio così. Perché il calzaturiero è uno dei pilastri del sistema moda italiano. I dati parlano chiaro. Il nostro paese è il primo produttore in Europa (il 40% del totale UE, ben davanti a Spagna e Portogallo) e l'ottavo a livello mondiale, ma è leader indiscusso nella fascia superiore del mercato, quella ad alto valore aggiunto per qualità dei materiali, manifattura e, specialmente, creatività, stile, design. Ogni anno vengono realizzati 221 milioni di paia di scarpe. Le aziende sono più di 6.000, con 83.000 dipendenti diretti, che diventano almeno 500.000 con l'indotto. Il fatturato complessivo è di 6,7 miliardi, l'80% proveniente dall'export, cosicché il comparto può vantare un saldo commerciale attivo di 3 miliardi.

Una fetta fondamentale del made in Italy. In netta ripresa, dopo la "botta" ricevuta a cavallo tra 2009 e 2010. Benché gli economisti prevedano che solo tra 2011 e 2012 si tornerà ai ricavi (e ai volumi di produzione) del 2007, i segnali rilevati dall'ANCI (Associazione nazionale calzaturifici italiani) nel suo ultimo *Shoe Report* sono senza dubbio positivi, in particolare per quanto concerne il recupero delle esportazioni, cresciute nel 2010 del 13,7%.

Non è solo il frutto di una congiuntura tornata favorevole. La verità è che le imprese non hanno perso tempo a piangersi addosso e hanno avviato una radicale trasformazione. Sia sul piano strettamente di prodotto, concentrandosi nel segmento pregiato e redditizio del fashion (in tal senso assumerà un ruolo sempre più importante la nuova legge sul made in Italy) sia su quello dell'organizzazione e dei processi.

Una trasformazione che, ovviamente, deve andare avanti ed essere completata. Sono necessarie ulteriori aggregazioni fra imprese per limitare la frammentazione tipica del settore. Bisogna valorizzare (e sapere comunicare al consumatore internazionale) il patrimonio di conoscenze dei distretti. Occorre allargare gli orizzonti verso i paesi del BRIC (Brasile, Russia, India, Cina). E soprattutto, come si legge in un recente studio dedicato al calzaturiero condotto dallo Studio Ambrosetti, «serve investire in tecnologia, adattabilità, conoscenza del mercato, rapidità di reazione». Il cammino è ancora lungo. Ma è già significativa la riflessione (in molti casi l'autentico pentimento) in atto sul tema, delicato e spinoso, delle delocalizzazioni: chi ha trasferito la produzione verso l'Est europeo e il Nord Africa o è tornato indietro o sta seriamente pensando di farlo. Tutti, in ogni caso, hanno capito che la corsa alla riduzione dei costi risulta perdente di fronte all'avanzata dei nuovi competitor (è sufficiente un nome, la cinese Li-Ning, che si pone l'obiettivo di "fare le scarpe" a colossi come Nike e Adidas). La strada da percorrere non può che essere una: quella della qualità.

Dalle cuciture a mano al computer

Il distretto calzaturiero marchigiano, che si estende lungo l'intera costiera adriatica ma abbraccia prevalentemente le province di Macerata e Fermo, rappresenta la maggiore area per la produzione di scarpe del mondo: 3.000 aziende, 38.000 addetti diretti, un fatturato superiore ai 2,5 miliardi, tre quarti dei quali all'estero.

Una vocazione che emerge a partire dal secondo dopoguerra, ma che affonda le sue radici nella tradizione calzaturiera della zona, vecchia di secoli, grazie alla presenza di molti maestri calzolai. Le prime attività riguardavano la produzione di pantofole e il commercio ambulante. Sul finire dell'Ottocento alcune innovazioni tecnologiche, come l'introduzione delle macchine a pedale per cucire, favoriscono l'utilizzo di manodopera femminile e l'incremento delle quantità di paia realizzate.

Lo sviluppo vero e proprio del distretto avviene grazie alla crescita della domanda di scarpe a partire dagli anni Sessanta. Un boom che permette alle botteghe artigiane di ampliare l'attività, ricorrendo nel contempo a un ampio bacino di manodopera flessibile e a basso costo. In tutte le case coloniche di Montegranaro, Monte Urano, Porto Sant'Elpidio, Sant'Elpidio a Mare, Civitanova, Potenza Picena, le donne lavorano giorno e notte per preparare tomaie e incollare tacchi. La capacità di offrire prodotti con contenuto qualitativo e stilistico apprezzabile e, quel che più conta, a costi contenuti, permette nel corso degli anni Settanta il successo delle imprese marchigiane. Che tuttavia si frammentano in una miriade di piccole attività, non sempre specializzate. In questa fase i calzaturifici cominciano a esternalizzare un numero crescente di operazioni a terzisti, mentre in parallelo nascono aziende fornitrici di componenti e accessori.

Negli anni Ottanta cambia il quadro del settore: costi crescenti, concorrenza dei paesi emergenti, discontinuità della domanda e riduzione del mercato interno, spingono le aziende, a cominciare da quelle di dimensioni maggiori, a profonde ristrutturazioni. Da una parte si punta a presidiare meglio i mercati di sbocco, compreso l'estero, dall'altra si investe in tecnologie per il controllo dei processi di lavorazione e l'aumento della qualità dei prodotti. In molti casi si riportano anche all'interno le fasi esternalizzate.

Forti del know-how accumulato, alcuni gruppi (specialmente chi è stato capace di costruire un brand conosciuto e riconosciuto internazionalmente) si muovono anche sul versante della diversificazione, affiancando alla produzione di scarpe l'offerta di linee di abbigliamento e di accessori. È il passaggio chiave: il comparto calzature rientra ormai a pieno titolo nel settore moda, ne è parte integrale e integrante. È made in Italy e in quanto tale va valorizzato. I marchi di scarpe possono e devono diventare marchi del fashion.

Ora, dopo la Grande Crisi (e la Grande Paura), il distretto calzaturiero marchigiano è chiamato a una nuova svolta. Si tratta di spingere ulteriormente l'acceleratore sull'innovazione di prodotto. Si pensi all'eccellenza delle materie prime, alla ricerca (scientifica) sul comfort e la postura, ai rapporti con i designer. Ma soprattutto è necessario introdurre una radicale innovazione nei processi. In concreto, è il momento di affrontare la rivoluzione portata dalle tecnologie informatiche. L'information and communication technology, infatti, può giocare un ruolo decisivo nella pianificazione della produzione, nei rapporti con i fornitori, nella rapidità di risposta al mercato finale (vince chi presenta il maggior numero di collezioni), nel controllo della rete di vendita. Alle donne che nel sottoscala cucivano le tomaie oggi si sostituisce il computer.

Alta artigianalità in salsa informatica

Nel settore calzaturiero la componente manuale nelle lavorazioni è ancora fortemente presente. In alcuni casi di eccellenza assoluta addirittura preponderante. Alla Santoni, per esempio, azienda di fascia altissima (tanto per capire, se la vede con la Church's), ne fanno un autentico vanto: alcune scarpe vengono realizzate interamente a mano; di più, sono seguite da un unico addetto, che si occupa di tutto, dalla scelta del pellame alla messa in forma, alla spedizione. Un caso limite. Rimane il fatto che l'elemento umano rappresenta un valore. E un costo a volte incomprimibile (il costo del lavoro pesa mediamente intorno al 50%). Eppure non sono poche le imprese, in particolare quelle che sfornano grandi quantitativi, in alcuni casi milioni di paia di scarpe all'anno, che hanno introdotto impianti automatizzati in produzione. Le novità riguardano principalmente l'avvento di macchinari computerizzati per il taglio laser delle materie prime. In grado, fra l'altro, di impostare automaticamente le scale per rispettare forme e proporzioni dei modelli al variare dei numeri.

Ma non è questo il punto centrale. Il primo effetto della rivoluzione informatica si vede nella progettazione delle collezioni. Stilisti e modellisti ormai lavorano esclusivamente al computer su programmi CAD-CAM. Le scarpe prendono vita tridimensionale sul video, cambiano linee e colori, viene modificata l'altezza del tacco, si aggiungono fibbie e accessori. Poi la decisione su quali idee tenere e quali scartare. Si potrebbe tranquillamente arrivare alla prototipazione virtuale, se non fosse che il prototipo quasi sempre si preferisce realizzarlo fisicamente, toccarlo, provarlo. L'effetto è comunque un risparmio di giornate e giornate di lavoro. Senza contare la possibilità di moltiplicare i modelli da presentare alle fiere specializzate e alla forza vendita.

Non finisce qui. L'ICT assume un ruolo decisivo a monte, nell'acquisizione degli ordini, consentendo la creazione di una sorta di just-in-time: si produce sull'ordinato, o almeno questo è il traguardo, con conseguente drastica riduzione (se non azzeramento) degli stock in magazzino. A valle, invece, sulla rete di distribuzione, le tecnologie informatiche permettono di conoscere in tempo reale l'andamento delle vendite e quindi di pianificare i rifornimenti verso i negozi. Consentono, inoltre, di avere informazioni dirette sull'andamento della moda e di ragionare sulle differenze nei gusti dei consumatori tra paese e paese e persino tra città e città. In definitiva, il dialogo in rete tra negozi e casa madre avvicina l'impresa al mercato e diventa un preziosissimo strumento di marketing.

Il futuro, infine, si chiama e-commerce. Peccato che su questo terreno si sia fermi allo stadio delle buone intenzioni: il web è un mezzo che affascina, ma ben poche aziende sono partite con progetti concreti. Ragione prevalente: troppi investimenti per risultati (leggi incrementi di fatturato) modesti. Il commercio online costituirebbe l'ultimo tassello. Certificherebbe che le imprese calzaturiere marchigiane hanno centrato l'obiettivo: diventare player davvero globali, capaci di coniugare in un mix unico al mondo alta artigianalità e alta tecnologia. Una sfida che si può vincere. Anzi, che si deve vincere. Giacomo Leopardi ne sarebbe affascinato.

Santoni
La scarpa fatta a mano ma con l'anima hi-tech

I settori "maturi"? Per dirla alla Dostoevskij, la bellezza ci salverà. Nel caso specifico, sotto forma di uno straordinario mix di hi-tech e alto artigianato. Alla faccia del declino (più volte) annunciato.

Per averne la prova basta fare un salto alla Santoni di Corridonia (provincia di Macerata), cuore del distretto calzaturiero marchigiano. E prendere in mano una Limited Edition: un gioiello, confezionato e venduto come tale. Anche il prezzo, d'altronde, è più o meno quello. È sufficiente darle un'occhiata e subito si capisce la differenza. Se poi la si mette ai piedi, c'è il rischio di non toglierla nemmeno per andare a letto.

La Santoni Limited Edition è il simbolo della scarpa italiana nel mondo. Eccellenza assoluta nei materiali e lavorazione fatta al 100% a mano. Di più, eseguita e seguita dalla nascita alla spedizione da una sola persona. Una, il signor Giuseppe Rossi o Giovanni Bianchi, che cuce 700-800 punti, ne controlla per quattro settimane la «stagionatura» (*alias* la messa in forma), provvede alla lucidatura, eccetera eccetera. Fino a firmare il certificato di qualità, una sorta di carta d'identità che accompagna il prodotto, con tanto di allevamento da cui proviene l'animale che ha generosamente fornito la pelle.

Ma ecco che scatta il meraviglioso paradosso. Sapete come nasce questa opera d'arte, questa specie di inno al lavoro manuale? Interamente al computer. Nell'ufficio stile della Santoni. Dove una ventina di giovani specialisti disegnano dalla mattina alla sera i nuovi modelli con programmi CAD-CAM. Forme, misure, proporzioni. Variabili di materia prima, di colore, di accessori. Prove di calzata. Tutto lì, davanti allo schermo. Per decidere in anticipo quali idee debbano proseguire l'iter per diventare prototipi ed eventualmente entrare in produzione e quali debbano semplicemente rimanere nella memoria dell'hard disk.

Chiaro il concetto? Entri all'ufficio stile e ti ritrovi le scarpe che ruotano in 3D, tanto che potresti pensare di essere alla Pininfarina o in qualche altra azienda di design avanzato. Vai nello stabilimento e ti imbatti nell'operaio che cuce con ago e filo. Potenza del made in Italy. Meglio, del made in Corridonia.

Giuseppe Santoni, amministratore delegato, tiene a ribadirlo: «Tutto è realizzato qui. E per i pochi terzisti, per esempio chi ci fornisce le suole in gomma, al massimo ci spostiamo di qualche chilometro verso Civitanova». Fondata da papà Andrea (da sempre nel settore) nel 1975, proprio con la mission di creare un prodotto di eccellenza («In quegli anni, specie nelle Marche, si puntava sulla quantità più che sulla qualità»), la Santoni attualmente sforna 200.000 paia di scarpe all'anno e fattura 45 milioni, di cui il 70% all'estero (in testa gli Stati Uniti, seguiti da Giappone e Cina e dai maggiori paesi europei). I dipendenti sono 450, divisi in quattro stabilimenti adiacenti, ognuno dei quali dedicato a una linea (uomo, donna, sportivo, junior).

Nel maggio 2010 è stato inaugurato il nuovo quartier generale, che raccoglie la direzione, i reparti di progettazione, gli uffici amministrativi e il futuro museo, dove tra l'altro verranno esposti tutti i modelli dalla nascita dell'azienda a oggi. E ancora una volta la Santoni sorprende. Il nuovo edificio, che ha richiesto un investimento di 8 milioni, è iperefficiente e ultratecnologico. In particolare, è stato progettato seguendo i più innovativi criteri di compatibilità ambientale e risparmio energetico. Non solo: un impianto di pannelli fotovoltaici è in grado di produrre un megawatt all'anno, ben oltre gli 800.000 kilowatt di energia necessari al fabbisogno interno.

Il calzaturiero sarà sicuramente un settore "maturo". Ma a darlo per "decotto" ce ne corre. La carta vincente passa esattamente da quel colle dell'infinito in cui alta artigianalità e alta tecnologia riescono a unirsi e a miscelarsi. La migliore innovazione possibile. Anzi, a rifletterci bene una Santoni non poteva che trovarsi nelle Marche, la regione dove tradizione e modernità provano davvero ad andare a braccetto.

È il binomio che la Santoni ha deciso di cavalcare. Giuseppe racconta con orgoglio della scuola interna: «Selezioniamo una quarantina di ragazzi, facciamo loro un contratto di formazione e li mettiamo in condizione di imparare il mestiere». Parla del reparto anticatura, dove per ottenere alcuni effetti e sfumature di colore occorrono 10-12 passaggi e dove «non a caso operano ragazzi usciti dai licei artistici e dalle accademie». Spiega con mille esempi il concetto di fondo: a livello di know-how, di expertise e di capacità artigianale, ben poche aziende calzaturiere al mondo possono posizionarsi così in alto. E conclude con l'esaltazione delle lavorazioni artigianali: «Se vuoi la massima qualità, certe cose le puoi fare solo a mano».

La scena, però, cambia in un lampo. Santoni mostra il Blackberry e capisci che dietro a tutto questo c'è una solidissima impalcatura hi-tech. Meglio, basata sull'information technology. Sul display corrono gli ordinativi acquisiti in giornata, provenienti da ogni continente, divisi per modello di scarpe, colore, numero. Vai avanti e compaiono le consegne, quelle appena effettuate, quelle da esaudire nei prossimi giorni. Volti pagina e spuntano le vendite, negozio per negozio. Tutto sotto controllo, in rete, monitorato in tempo reale. A portata di smartphone.

Logico. Alla Santoni l'informatica presiede qualsiasi fase a monte e a valle dei processi di lavorazione. Per cominciare, la programmazione delle linee di produzione. «Noi produciamo interamente su ordine», puntualizza Santoni. «Sappiamo fino all'unità quante paia dobbiamo realizzare di ogni modello». Risultato: l'azienda ha sostanzialmente azzerato il magazzino prodotti finiti, mentre ha voluto mantenere un ampio magazzino materie prime, proprio per riuscire ad assecondare rapidamente gli ordini e per fronteggiare i picchi di richieste. Il riordino del materiale avviene in automatico, quando si scende sotto un livello minimo di scorta.

Ancora. Un sistema di codici accompagna l'intero processo, fase per fase. In questo modo la tracciabilità è completa, dal fornitore di pelle all'ora della spedizione. «Se mi telefona George Clooney», sorride Santoni, «e vuole sapere a che punto sono le sue scarpe, io faccio un clic e ho il quadro esatto. "George, tranquillo, devono restare in forma altri quattro giorni"...».

Quanto ai punti vendita, i 14 negozi monomarca e il 20% degli 800 rivenditori Santoni sparsi nel mondo sono già online con il quartier generale di Corridonia: «Se voglio posso conoscere immediatamente qual è stato l'ultimo modello venduto nello showroom di Milano o in quello di Tokyo. Ovvio che vorrei avere i dati di ogni nostro punto vendita, compresi i negozi non monomarca: purtroppo ci sono parecchie resistenze da vincere». Santoni, comunque, è ottimista. Assicura che molti passi avanti, sulla forza vendita, sono stati fatti: «Ore e ore di formazione hanno dato i loro frutti. Ma il vero successo è un altro: avere costretto i negozianti a colloquiare con noi via computer. O così o niente. Qualcuno si è messo a studiare come uno scolaretto e oggi non riesce più a staccarsi dal video».

A proposito di showroom, l'informatica è arrivata anche qui. E ha rivoluzionato persino il modo di scegliere un paio di scarpe. Fino a ieri guardavi la vetrina, varcavi la soglia e cominciavi a torturare la commessa costringendola a tirare giù l'intero negozio per mostrarti ogni modello. Un lavoraccio, per la commessa ma anche per il cliente. Oggi no. Completamente diverso. Nei negozi Santoni le scarpe si scelgono sull'iPad. Uno entra, si accomoda sulla poltrona, allunga il bracciolo su cui è posizionato l'iPad e si mette a sfogliare la collezione. Al suo fianco, la commessa gli spiega le caratteristiche delle diverse linee, gli prospetta un colore anziché un altro, gli dà consigli: prima che di una vendita si tratta di un'autentica consulenza professionale, svolta lì, sul tablet. Solo alla fine, quando il cliente si è orientato nella scelta, si passa alla prova di calzata. E magari nell'attesa si può anche dare un'occhiata alle ultime notizie.

«Gli showroom di nuova realizzazione sono tutti concepiti in questo modo», sottolinea Giuseppe Santoni. «Piano piano aggiorneremo pure gli altri, i più vecchi. L'idea è che a ogni poltrona sia collegato un iPad. Un sistema che snellirà i lavori, ma ci consentirà anche di avere un mucchio di informazioni sui gusti della clientela».

Obiettivo evidente: in rete devono essere messi direttamente i consumatori. Meno mediazioni e intermediazioni ci sono, meglio è. Qualcuno lo chiama network, qualcun altro la definisce community. Forse, più semplicemente, è il marketing che a sua volta, grazie alla ICT, assume forme nuove. «The times they are a-changin'», i tempi stanno cambiando.

Cesare Paciotti
Il tacco 12 just-in-time

Ascolti Marco Calcinaro, direttore generale della Cesare Paciotti, che racconta la crescita a tappe forzate della sua azienda, ed è una sorta di riassunto dello sviluppo del distretto marchigiano delle calzature. La storia di un pezzo (importante) dell'industria italiana. «Già nel 1948 nonno Giuseppe realizzava scarpe di grande qualità. E molto care. Persino il nome, Paris, richiamava qualcosa di lussuoso. Negli anni Sessanta, mentre nelle case coloniche delle province di Macerata e Ascoli Piceno le donne preparavano le tomaie e le suole, lui aveva mantenuto tutte le lavorazioni all'interno della fabbrica, per avere il controllo assoluto delle varie fasi. Aveva pure una schiera di modellisti, ora li chiameremmo stilisti, per studiare i nuovi modelli. Un'impresa modernissima». E dopo? «Nel 1980 è arrivato alla presidenza zio Cesare e ha fatto la rivoluzione». Calcinaro, figlio di Paola Paciotti, sorella di Cesare (anche lei in azienda con il ruolo di amministratore delegato), sorride. Nello stesso tempo non nasconde una punta di orgoglio: «Cesare ha trasformato il concetto stesso di scarpa: da bene durevole, spendevi tanto ma la mettevi per dieci anni, a bene di consumo, oggetto di moda, che puoi cambiare ogni sei mesi. Di più: ha fatto capire, qui nel distretto ma direi nel mondo intero, che l'industria delle scarpe doveva essere strettamente collegata al sistema del fashion».

Un'innovazione radicale. Di prodotto, di abitudini di acquisto, di marketing (la Paciotti ha lanciato, tra l'altro, le campagne pubblicitarie ambientate, mentre prima si utilizzavano solamente immagini still life). Oggi l'azienda di Civitanova Marche (provincia di Macerata) fattura 67 milioni, il 38% sui mercati internazionali. Ha 150 dipendenti che diventano oltre 1.000 con l'indotto: tre imprese della zona lavorano esclusivamente per lei e a queste si aggiunge una fitta rete di fornitori. Sforna 700.000 paia di scarpe all'anno (divise su due marchi, Cesare Paciotti e 4US), con picchi di 2.700 paia al giorno. Per la distribuzione dispone di 9 negozi monomarca in Italia e 31 all'estero (complessivamente, 7 in proprietà e i restanti in franchising), mentre 500 sono i rivenditori sparsi dagli Stati Uniti all'Estremo Oriente. Basta? Nemmeno per sogno: i programmi parlano di triplicare in tre anni la quota export.

Quello della Cesare Paciotti è il classico caso di successo di un'azienda del made in Italy. Ma non occorre scavare chissà quanto per capire che la forza del brand è stata costruita su basi solidissime. La realtà è che dietro alla moda non c'è solo la moda, piuttosto un'organizzazione moderna, votata all'efficienza, ad alta tecnologia (benché le lavorazioni manuali rimangano molto importanti, in un settore che si vanta dell'alto tasso di artigianalità). L'elemento vincente sta nell'incredibile rotazione delle collezioni. «Cambiamo l'intero campionario ogni stagione», spiega Calcinaro. «I prodotti *evergreen* sono pochissimi e unicamente nella linea 4US». Siccome le collezioni sono una ventina e ognuna è composta da decine se non da centinaia di pezzi, significa realizzare almeno un migliaio di modelli nuovi all'anno. Un'offerta vastissima, all'interno della quale il cliente di New York e di Dubai, o di Parigi e Milano, per non andare tanto lontani, trova sicuramente il prodotto che fa per lui. Una strategia rara nell'alta gamma. Possibile a una condizione: che l'impresa sia ben strutturata. E capace della massima flessibilità.

L'anima è la direzione stilistica, guidata personalmente da Cesare Paciotti. Quattro disegnatori dedicati alle linee da uomo e cinque a quelle da donna, impegnati solamente a stendere le idee per le nuove collezioni. Ai quali si affiancano 8 modellisti, tecnici che hanno l'incarico di preparare i prototipi. Schizzi sulla cara, vecchia carta, studi al computer, comparazioni di materiale, prove di forma. Più lunghi briefing con il commerciale. Obiettivo: stabilire quali scarpe debbano essere inserite nel campionario e in seguito entrare in produzione e quali vadano riposte nel cassetto "progetti da rivedere".

«Sono attività che, specie nella fase della prototipazione, si svolgono ancora prevalentemente a mano», sottolinea Calcinaro. Anche in produzione molti passaggi continuano a essere effettuati in modo altamente artigianale: la giunteria, il montaggio, il fissaggio delle suole. «Per quanto riguarda i processi di lavorazione», prosegue Calcinaro, «l'innovazione più importante è stata l'introduzione delle tagliatrici automatiche al laser. Macchine che consentono un grande risparmio di tempo: si pensi alla sostituzione di una pelle con un'altra o ai cambi di colore. E soprattutto che mantengono alla scarpa, grazie a un'impostazione computerizzata, le giuste forme e le medesime proporzioni passando dal numero 35 al 45».

Lusso significa cura maniacale del prodotto. Di conseguenza (anche) un elevato tasso di manualità. Dove la Cesare Paciotti ha introdotto massicce dosi di tecnologia, e in particolare di ICT, e a monte e a valle del processo produttivo. Per cominciare, nell'acquisizione degli ordini. «Disponiamo di software che ci consentono di intrecciare i dati storici, le nuove tendenze del mercato e le previsioni di vendita. Risultato: riusciamo a programmare oltre il 60% della produzione». Il tutto si traduce in pianificazione degli acquisti, risparmio sulle materie prime, minore tempo di giacenza in magazzino.

Ma è a valle l'area in cui l'informatica può, anzi deve, fare la differenza, cioè a livello di distribuzione. Quindici negozi sono già in rete con il quartier generale di Civitanova Marche («fosse per noi estenderemmo il sistema a tappeto, a tutti i negozi in franchising e pure a quelli non monomarca»). Settimanalmente viene mandato all'azienda un report con tutti i dati di vendita: modelli, colori, numeri, ma anche prezzi applicati, sconti, eccetera eccetera. «Stiamo cominciando a ragionare su un concetto completamente nuovo: non più i quantitativi piazzati bensì l'indice di rotazione del singolo prodotto. In questo modo riusciamo a controllare persino l'andamento dei saldi e, se necessario, a rifornire i negozi proprio per le esigenze dei periodi di offerta». Come dire: se trovate in offerta speciale un paio di scarpe

Cesare Paciotti non pensate che siano rimanenze dell'anno scorso. Il just-in-time sta sbarcando anche nel settore calzature.

E all'orizzonte? Quali sono le prossime tappe di sviluppo tecnologico per la Cesare Paciotti? «Internet». Calcinaro risponde con una sola parola. Poi tira il fiato e argomenta: «Non so se il futuro è sul web, come molti sostengono. So però che sulla rete siamo rimasti indietro e dobbiamo galoppare. Intanto abbiamo deciso di ristrutturare completamente il sito».

Potrebbe essere il passo iniziale per lanciarsi nell'e-commerce. Calcinaro allarga le braccia: «Per il momento ci siamo limitati a semplici simulazioni del commercio online. Stiamo valutando attentamente il rapporto costi/benefici. Due elementi sono comunque certi. Primo: una presenza forte sul web, realmente interattiva, spinta fino all'e-commerce, significa contatto diretto con il consumatore finale di tutto il mondo. Una fonte di informazioni inesauribile, da cui tirare fuori analisi di marketing a bizzeffe. Secondo: si potrebbero raggiungere mercati molto interessanti, finora trascurati. Dalle simulazioni, per esempio, abbiamo scoperto che il Nord dell'Inghilterra conosce perfettamente il brand Cesare Paciotti e che il bacino di potenziali acquirenti, da quelle parti, è vastissimo. Siamo rimasti a bocca aperta: non lo sospettavamo nemmeno».

Insomma, difficile che dall'e-commerce possa provenire un'impennata nei ricavi, ma le sue potenzialità sono lì, tutte da esplorare. Come da esplorare sono altre tecnologie e media emergenti: «Abbiamo appena lanciato un'applicazione per l'iPad. Sono proprio curioso di vedere come andrà, quanta gente la scaricherà». Graficamente accattivante, c'è l'intera collezione di scarpe e di accessori Cesare Paciotti. Manca l'ultimo passaggio: poter comprare direttamente. Arriverà anche quello.

Nero Giardini
L'informatica per crescere del 30% (all'anno)

«Sapete qual è la massima soddisfazione? Quando entro in un nostro negozio, vedo il cliente che si prova un paio di scarpe e alla fine dice alla commessa: "Per favore, incarti queste vecchie che mi lascio le nuove ai piedi"». Succede spesso? «Sì, ma il mio sogno è che accada sempre». Firmato, Enrico Bracalente, presidente della Nero Giardini.

Che se le lascino subito ai piedi o no, un dato è certo: gli italiani le scarpe Nero Giardini le comprano. In abbondanza. Più 6,5% nei ricavi 2010. Eppure il numero uno dell'azienda di Monte San Pietrangeli (provincia di Fermo) storce la bocca: «In verità, contiamo di tornare presto ai livelli di crescita pre-crisi». Cioè a doppia cifra? Altra bocca stortata: «Beh, per essere precisi nell'ordine del 30%». Bracalente appartiene a quella ristretta schiera di imprenditori ai quali la Grande Crisi non ha fatto un baffo. O quasi. «Il Centro studi Mediobanca ci ha inserito tra le imprese italiane con le migliori performance nel triennio». Beato lui.

Nero Giardini, fondata nel 1975, riorganizzata e rilanciata, «finalmente con un marchio nostro», a cavallo tra gli anni Ottanta e Novanta (quando Enrico ha rilevato le quote del fratello Luigi), dopo un ventennio di autentico boom è arrivata a fatturare 213 milioni. E attenzione, appena il 10% deriva dall'export: «Capito che margini di sviluppo abbiamo e dove intendiamo puntare?». Ha 300 dipendenti diretti, che diventano un migliaio se si conta la rete di 21 aziende del territorio che lavorano in esclusiva per lei e sfiorano i 2.500 con l'indotto. Sforna 3,8 milioni di paia di scarpe (e di stivali, il vero punto di forza) all'anno per uomo, donna e bambino, cui di recente si sono aggiunte le linee di abbigliamento e di accessori. Quanto alla distribuzione, può contare su 12 negozi in proprietà, 35 in franchising (tutti in Italia) e 2.500 rivenditori, di cui 350 all'estero: «Nel 2011, comunque, partiremo con negozi nostri nelle principali capitali d'Europa».

Insomma, Nero Giardini non si è mai fermata e meno che meno intende fermarsi ora. Ma qual è, al di là della moda, dell'ormai consolidata forza del brand, delle campagne pubblicitarie, il segreto del successo? Bracalente non ha dubbi: «Il rapporto qualità/prezzo». Significa realizzare un prodotto che si inserisce a pieno titolo nel fashion, con pelli e finiture di eccellenza, rivolto però a un target medio, vale a dire a un costo accessibile. Spiega: «Noi partiamo proprio dal prezzo. Uno stivale, per esempio, deve costare da 149 a 189 euro. A questo punto siamo costretti a controllare rigorosamente le materie prime e l'intero processo di lavorazione. Non si sgarra. Se lanciassimo sul mercato uno stivale, che so, a 500 euro, la potenziale cliente si domanderebbe: "Ma perché, a queste cifre, devo comprare Nero Giardini?". Giusto: noi vogliamo che, con quei soldi, di paia di stivali ne acquisti tre, uno per ogni mese invernale».

Anche perché una volta indossati quegli stivali risultano davvero comodi. «Facciamo studi pazzeschi sull'anatomia del piede e sulla messa in forma dei modelli. «Quando uno compra una scarpa che gli fa male, è finita», ride Bracalente. «Non solo si rovina la giornata. Quello che è peggio è che mette una bella croce su quella marca».

Tre studi di consulenza esterni per disegnare le collezioni. Più un ufficio stile all'interno con 12 modellisti per preparare i prototipi: 4.000 all'anno, non uno scherzo, «e se c'è qualcosa che non ci convince, li rifacciamo 4, 5 e persino 10 volte». I prodotti Nero Giardini nascono così. Si comincia al computer, con programmi tridimensionali, e si va avanti con l'alta artigianalità nella selezione delle materie prime, nella preparazione delle strutture, nella prova forme. «Potremmo tranquillamente fare la prototipazione virtuale», tiene a precisare Bracalente, «ma i modelli nuovi preferiamo continuare a vederli, toccarli, calzarli. Per decidere meglio quali idee scartare e quali mettere in campionario per poi avviare alla produzione».

Da quel momento il processo diventa altamente automatizzato. Caso raro, in un'impresa calzaturiera, settore in cui la componente manuale rimane molto importante. «Da noi è diverso: la tecnologia è largamente prevalente, pesa per l'80%. Il nostro è un prodotto industriale, ancorato com'è a un prezzo stabilito a priori. In poche parole, non potremmo fare a meno dell'hi-tech». Ecco allora che in produzione compaiono i grandi macchinari per il taglio laser della pelle, per la preparazione delle suole, per il montaggio automatizzato. «A mano facciamo la crematura e la spazzolatura, quello che si chiama finissaggio, trattamenti particolari».

Non basta. Tutte le 21 imprese del distretto che costituiscono la ragnatela di fornitori e terzisti sono collegate in rete con il quartier generale. Qui sono centralizzati gli acquisti di pelli e fodere, «anche per spuntare contratti maggiormente vantaggiosi». E da qui il materiale viene distribuito a chi fisicamente lo deve trattare, per rientrare sotto forma di semilavorati o prodotti finiti. «In questo modo», sostiene Bracalente, «sappiamo in qualsiasi momento a che punto è l'avanzamento della produzione. Il lunedì mattina facciamo un check per capire se ci sono intoppi, ritardi, come possiamo provvedere agli eventuali recuperi. Siamo un'azienda di grandi numeri. Per noi il rispetto dei tempi di consegna è fondamentale. Di più, è un servizio che dobbiamo offrire al cliente finale».

Al di là dell'organizzazione produttiva, le aree dove l'hi-tech è veramente importante sono la logistica e la distribuzione. «Abbiamo due magazzini», racconta il presidente, «uno riservato alle materie prime e l'altro ai prodotti finiti. Quest'ultimo, in particolare, deve gestire 18.000 paia di scarpe al giorno in entrata e 18.000 in uscita. Motivo per cui, di recente, l'abbiamo completamente automatizzato. Ragioniamo per codice cliente e non per codice prodotto. In collegamento con il gestionale aziendale e specificamente con la direzione commerciale, applichiamo sul codice a barre inserito in etichetta anche l'indirizzo del destinatario della merce. Il lettore ottico lo riconosce e indica esattamente il pallet in cui depositare ogni singola scatola. In sostanza, gli imballi vengono già divisi per i 70 agenti, a ognuno dei quali corrisponde una specifica competenza territoriale». I vantaggi? «Ottimizzazione del lavoro e maggiore velocità. Visto che vogliamo aumentare ancora la nostra capacità produttiva e sviluppare fortemente la presenza all'estero, beh, ci siamo portati avanti».

Ma dove l'information technology gioca un ruolo addirittura decisivo è a livello di distribuzione. «I nostri negozi in proprietà e in franchising sono tutti collegati online», sottolinea Bracalente. «Con un clic conosciamo l'ora in cui è stato venduto l'ultimo paio del modello x, y e z. Di conseguenza sappiamo con precisione quando è il momento di rifornire e, quel che più conta, che cosa rifornire». Il sistema è nello stesso tempo una miniera di informazioni utilissime per conoscere i gusti della clientela e quindi per pianificare la produzione: i colori preferiti, le vendite divise per giorno della settimana (quanto vale il sabato rispetto al lunedì), le differenze di acquisto tra Nord e Sud, eccetera eccetera. «Per esempio», aggiunge Bracalente, «abbiamo scoperto che il 55% delle donne italiane porta il numero 37 o 38. Lo avevamo capito, ma adesso siamo riusciti ad avere una statistica esatta. Che va avanti: il 35% calza il 36 o il 39, l'11% il 35 e il 40, e così via».

E per le migliaia di negozi al dettaglio, non controllati direttamente? Che cosa si può fare per tenerli maggiormente d'occhio? «Occorre la collaborazione dei proprietari. È l'unica strada. Peccato che molti non siano nemmeno capaci di accendere un computer. Abbiamo comunque avviato test per estendere più possibile il collegamento con noi in rete. Inoltre organizziamo ore e ore di formazione per i venditori. L'obiettivo minimo è arrivare a definire l'ordine su misura».

Intanto la Nero Giardini si è attrezzata con un'architettura hardware più razionale e che assicura maggiore potenza. Due server sono stati appena comprati proprio per il controllo della logistica e la rete dei negozi. Un terzo è dedicato al gestionale. Bracalente la butta sull'ironia: «La verità è che aggiorniamo i sistemi informatici ogni giorno. Per stare al passo con la concorrenza non c'è altro da fare. Almeno così mi dicono...».

DGM
Civitanova Marche-Timisoara, la scarpa corre in rete

Tre brand forti in proprietà, Manufacture d'Essai, Francesco Morichetti e Wannabe (già nel portafoglio di Patrick Cox), più una serie di marchi minori. Un altro, Nolita, gestito (interamente, compreso lo sviluppo delle collezioni) su licenza concessa dall'azienda di abbigliamento padovana Flash & Partners. In aggiunta, una forte produzione conto terzi, per due colossi come Miss Sixty e G-Star. Totale: 800.000 paia di scarpe all'anno. Vendute per il 50% in Italia e per il resto in Europa, Stati Uniti, Giappone e Far East. Il tutto utilizzando per il 70% lo strumento del piccolo dettaglio (oltre 300 negozi solo lungo la penisola) e per il 30% quello della grande distribuzione. Conclusione: la DGM di Civitanova (provincia di Macerata), fondata nel 1965, grazie a un'organizzazione molto articolata (nel 2003 ha anche acquisito la vicina Ruggeri) e ai suoi 25 milioni di fatturato, rappresenta una realtà storica e di dimensioni importanti nel frazionatissimo distretto marchigiano delle scarpe.

«La crisi l'abbiamo sentita, altroché», allarga le braccia Fausto Morichetti, presidente e direttore generale. «Volenti o nolenti, abbiamo dovuto ridimensionarci, ma oggi stiamo ripartendo, soprattutto sui mercati esteri. Per fortuna, operando su più canali sia in produzione sia a livello distributivo, siamo sempre riusciti a dare continuità al nostro lavoro». Tradotto, le macchine hanno continuato a girare nonostante i tempi bui. Tanto nel quartier generale di Civitanova, dove sono "di stanza" 50 addetti e dove sono concentrate la progettazione dei modelli e la logistica (magazzino e spedizioni), quanto nelle imprese che producono in Romania esclusivamente per il gruppo maceratese (complessivamente danno lavoro a 800 persone). Sì, perché la DGM è stata tra le prime aziende calzaturiere della costiera adriatica a delocalizzare l'attività produttiva. Racconta Morichetti: «Nel 1992 ero già a Oradea. Ora abbiamo spostato il baricentro a Timisoara. Non avevamo alternative: fare le scarpe è il mestiere più vecchio del mondo, ma la manodopera incide ancora moltissimo sui costi. Da quelle parti spendiamo un terzo rispetto all'Italia».

Morichetti non si è mai pentito. Anzi, dichiara di essere tentato dal mollare completamente le Marche: «Oltretutto, pagheremmo appena il 16% di tasse». È arrabbiatissimo il presidente. Ce l'ha con la legge che gli impedisce di mettere la targhetta made in Italy sui prodotti: «Lo stile è nostro, le collezioni le disegniamo noi, fatturiamo dall'Italia, eppure non possiamo fregiarci del made in Italy». Il punto, chiaramente, non è una targhetta, ma la qualità. Nello stesso distretto marchigiano delle scarpe molti hanno scelto di continuare a produrre su questa sponda proprio per potere assicurare maggiore valore aggiunto di stile, comfort, ricercatezza nei materiali e nelle lavorazioni. Morichetti scuote la testa: «Le aziende rumene adottano macchinari identici. E poi ci sono le tecnologie informatiche: tutto viaggia in tempo reale. Credetemi: dialogare con la Romania, ormai, è più semplice che visitare un reparto dentro il tuo capannone».

Delocalizzazione, croce e delizia. La discussione è aperta. Ma qui il punto è un altro. Come funziona, quali dinamiche mette in moto, il doppio binario Italia-Paesi emergenti? In concreto, come si gestisce un'azienda che mantiene il cuore sui colli maceratesi e ha trasferito la produzione a Timisoara (in Romania sono registrate 28.000 imprese italiane, con 800.000 dipendenti)? «Per noi», risponde Morichetti, «ha significato la creazione di una doppia struttura: una fabbrica più piccola ma completa in tutto e per tutto nelle Marche e un'altra, per la precisione tre altre più una serie di fornitori, in Romania, da dove escono i grandi quantitativi di prodotto». Un'organizzazione che, giura Morichetti, funziona alla perfezione. E fa risparmiare un sacco di soldi.

Ma attenzione, il grande capo lo ribadisce: «I modelli nascono tutti a Civitanova». La DGM dispone all'interno di tre fashion designer che studiano le collezioni, cui si aggiungono quattro o cinque consulenti esterni. Questi disegnano a computer i nuovi prodotti, con programmi tridimensionali, in ogni variabile di pelle e di colore. Comprese le parti tecniche, strutture, suole, tacchi: «Difficile immaginarlo, ma un paio di scarpe ha in media una quarantina di componenti». Disegni alla mano, spetta quindi all'ufficio tecnico preparare il prototipo.

Risultato: la DGM, nella «piccola fabbrica ma completa in tutto e per tutto» di Civitanova, sforna 500 prototipi all'anno, di cui almeno 400 entrano in produzione. E circa 3.000 scarpe destinate esclusivamente al campionario. Scarpe finite, s'intende. Che vanno pur sempre realizzate. «La riprova è che abbiamo due tagliatrici automatiche per la pelle impiegate solo per il campionario».

Un calzaturificio mignon, insomma, che lavora per le fiere, gli agenti, i responsabili acquisti della grande distribuzione. Obiettivo: stabilire quali e quanti modelli avviare alla produzione. A questo punto la palla passa a Timisoara. «Via computer», spiega Morichetti, «mandiamo i disegni direttamente sulle macchine per il taglio elettronico della pelle, le stesse che abbiamo in Italia. Basta impostare tipo di materia prima, colore, quantità di paia da realizzare. Tutti i trattamenti, a quel punto, procedono in automatico. Voglio vedere con i miei occhi la prima forma di un modello? Posso averlo fisicamente entro 24 ore». Il fatto che ci siano chilometri di distanza, maestranze che parlano una lingua diversa, un know-how industriale (anche nello specifico settore calzaturiero) notevolmente differente, per Morichetti non ha alcuna importanza: «Tre imprese lavorano in esclusiva per noi. Non ne abbiamo il controllo societario, ma è nostro l'intero controllo dei processi. È come se fossero reparti aziendali».

Creatività italiana, costi rumeni. Possibile, grazie alle tecnologie informatiche. Con un unico (grande) interrogativo, sempre lo stesso: la qualità. «Per quanto ci riguarda, stiamo progressivamente alzando il nostro target e non abbiamo problemi», garantisce il presidente. «Il livello della manodopera rumena è cresciuto, mentre dalle nostre parti, da tempo, facciamo fatica a sostituire gli operai specializzati e i tecnici che vanno in pensione. La qualità di una scarpa sta principalmente nella materia prima. Bene, le pelli le selezioniamo noi. Poi nella cura delle lavorazioni. Nessuna difficoltà. Al contrario: proprio per i minori costi, nelle imprese di Timisoara possiamo impiegare maggiori risorse umane nelle fasi delicate, il taglio, la fodera, il finissaggio». Come dire: potrà apparire paradossale, ma la qualità non diminuisce, piuttosto aumenta.

Una volta finiti, i prodotti rientrano dalla Romania a Civitanova per essere spediti in tutto il mondo. «Ancora una volta l'informatica ci aiuta», sostiene Morichetti. «Abbiamo un magazzino automatizzato: il lettore legge il codice a barre, riconosce il tipo di scarpa con le variabili di colore e numero e individua pure il destinatario finale, in modo che la merce possa essere sistemata già pronta per la spedizione nelle varie regioni italiane e nei paesi esteri».

Non si ripete in continuazione che l'informatica riduce i costi e crea efficienza? Vero. Piaccia o no, il concetto vale anche per chi delocalizza. È la globalizzazione, bellezza…

Kickers

La tecnologia ai piedi della generazione 2.0

Mamma, mi compri le Kickers? Un nome, una garanzia. Il polacchino bicolore, con il bollino rosso per il piede sinistro e verde per il piede destro, è un oggetto di culto per i ragazzi. Capace di passare attraverso gli scossoni dei mercati e le rivoluzioni della moda. Non solo: Kickers è ormai diventato sinonimo di prodotto, come la Vespa, la Moka, l'Aspirina. Fa niente se la marca non è quella giusta, se spuntano imitazioni più o meno fedeli: cambiano le generazioni, ma da oltre quarant'anni i bambini italiani (e attenzione, il fenomeno si è progressivamente esteso ai ventenni e persino agli adulti) vogliono quelle scarpe lì. «È la nostra forza», conferma l'amministratore delegato Stefano Cioccoloni. «Siamo conosciutissimi e molto riconoscibili: la clientela ci identifica con il brand».

Kickers significa in realtà Società Italiana Calzature. Sede legale a Milano, produzione concentrata a Monte Urano (provincia di Fermo). Altri marchi, Sultanino e Zanotti. Il fatturato, comprendendo le collezioni per uomo e donna, raggiunge i 20 milioni. Il 10% proviene dall'export: «La quota estera rimane limitata per una ragione ben precisa: l'origine del marchio è francese e purtroppo ci portiamo dietro una serie di divieti di entrata in numerosi paesi». I dipendenti diretti sono 85, ma se si includono le aziende dell'indotto che operano in esclusiva per Kickers & Co. si arriva a 800 addetti. Quanto alla rete distributiva, 18 sono i punti vendita monomarca per la linea bambino, 2 i *flagship store* per l'adulto (l'obiettivo è arrivare almeno a 30 negozi entro il 2013), cui si aggiungono 800 punti vendita sparsi lungo la penisola.

Insomma, un (piccolo) gioiello del made in Italy. A confermarlo è la stessa storia della Società Italiana Calzature, passata attraverso una delocalizzazione che si è trasformata in rilocalizzazione. Una storia cioè uguale e contraria a quella di molte imprese calzaturiere marchigiane, a cominciare dalla DGM. «In effetti», racconta Cioccoloni, «tra 2000 e 2001 abbiamo riportato l'intera produzione dal Marocco in Italia. Una scelta necessaria, in nome della qualità. In questo modo abbiamo il controllo completo dei processi, dall'ideazione dei modelli alla distribuzione, passando per le varie fasi di lavorazione». Sono trascorsi dieci anni: «E, oggi, siamo stati tra i maggiori sostenitori, anche in sede ANCI (Associazione nazionale calzaturifici italiani, NDR), della nuova, rigorosa legge sul made in Italy. Per noi produrre qui è un valore. Vogliamo che venga comunicato e, perché no, apprezzato dal consumatore».

Il valore del made in Italy, d'accordo. Ma i famosi costi? Come è stato possibile tornare a casa senza compromettere il conto economico? «Con la tecnologia, ovvio» risponde Cioccoloni. «Massicce dosi di informatica a monte e a valle della produzione». Potenza dell'ICT: strumento indispensabile per chi decide di delocalizzare e per chi, all'opposto, sceglie di fare un passo indietro.

Cinque stilisti (2 interni all'azienda e 3 freelance) che disegnano le collezioni al computer, su programmi bi e tridimensionali. Otto modellisti (6 legati a studi di consulenza) per scegliere i componenti (tacchi, suole, fibbie, eccetera eccetera) necessari alla realizzazione della scarpa, mettere in forma i modelli e giungere al prototipo. È così che nascono le Kickers. Seicento-settecento prototipi all'anno, 300 modelli presentati alle fiere e alla forza vendita, oltre 200 messi in produzione. Produzione avviata verso le 80.000 paia, con l'obiettivo di crescere rapidamente nelle aree uomo e donna, che dovranno arrivare a pesare il 40-50%, contro l'attuale 15.

In concreto, le scarpe vengono poi sfornate dalla linea pilota situata nel quartier generale, cui se ne affiancano 12 in imprese esterne: «Ma è come se fossero reparti della fabbrica», tiene a precisare

Cioccoloni. I processi sono fortemente automatizzati, benché anche per Kickers, come per la stragrande maggioranza delle aziende del settore (specie quelle di target medio-alto), i trattamenti artigianali siano ancora importanti. «La vera rivoluzione», continua Cioccoloni, «è stata nel taglio della pelle, che prima si faceva a mano, con il coltello, in seguito con le fustelle, cioè con stampi di ferro, mentre adesso avviene con macchine al laser, di precisione millimetrica».

Dove Kickers ha introdotto maggiore innovazione tecnologica, più che nelle fasi di trattamento, è nell'intera catena logistica, dall'acquisizione degli ordini alla gestione del magazzino, al controllo della rete di distribuzione: «In pratica siamo arrivati a produrre per il venduto». Vuole dire conoscere in anticipo i quantitativi di ciascun modello da consegnare a ogni singolo negozio. Un just-in-time possibile grazie a programmi di previsione degli ordinativi affinati negli anni, a monitoraggi pressoché quotidiani delle vendite e a una grandissima flessibilità.

Il sistema, oltre a una migliore organizzazione e programmazione della produzione, ha consentito la drastica riduzione delle scorte e l'abbattimento dei tempi di giacenza dei prodotti finiti. Ciliegina sulla torta, a Monte Urano è da poco entrato in funzione il nuovo magazzino (6.000 metri quadrati) completamente informatizzato. «La nostra unità di produzione è il rigo d'ordine del cliente», spiega Cioccoloni. «Sappiamo già in partenza dove quel determinato paio di scarpe deve andare. Non importa quale tra le nostre aziende fornitrici l'abbia realizzato. L'indirizzo del destinatario è inserito nel codice a barre in ogni fase di avanzamento. Quando il prodotto è pronto e rientra da noi, il lettore ottico individua il posizionamento giusto in magazzino. Il giorno dopo parte la spedizione». I vantaggi? «Semplice: nel 2001 avevamo 9 magazzinieri, adesso sono solo 2, con i movimenti raddoppiati».

Tutto ciò ha comportato notevoli investimenti in ICT. «Abbiamo allestito nelle Marche un'autentica centrale informatica con tre server», conferma Cioccoloni. Sono dedicati rispettivamente all'operatività aziendale (compreso il gestionale), al retail e alla logistica (entrata e uscita della merce). Capito come ha fatto Kickers a salutare il Marocco per tornare in Italia? Con l'information technology. Che ha consentito un recupero di efficienza. E quei risparmi in grado di compensare il maggiore costo del lavoro.

Ora a Monte Urano si pensa al futuro. Che si chiama e-commerce. Kickers ha avviato quello che Cioccoloni chiama un «esperimento». L'amministratore delegato numeri non ne porta, ma si mostra estremamente soddisfatto: l'«esperimento» appare perfettamente riuscito. In vendita online è stato messo un solo modello, l'Original, il più famoso e richiesto. Con una particolarità che sta facendo impazzire il popolo di internet e i fan della Kickers: sul web appare uno *shoes configurator* che offre la possibilità di variare 70 colori, di rendere la scarpa sinistra diversa dalla destra e via di questo passo, fino a un massimo di 215.940 combinazioni. «Nel periodo natalizio è stato un autentico boom», sorride Cioccoloni. «Molti ci hanno chiesto persino di incidere una dedica personalizzata dentro le scarpe». Tipo: «A Francesca, la mia Kickerina». Oppure una data. E altre frasi a piacere: romantiche, ironiche, stravaganti. «Entro il 2011 tireremo le somme. Vedremo quali combinazioni mancano all'appello e può anche darsi che lanceremo un concorso per indovinare quelle "rimaste libere"».

Puro marketing. Che non è un gioco. Alla Kickers sono stati sufficienti pochi mesi per trarre le conclusioni: un'impresa con un marchio così forte, oltretutto rivolto prevalentemente ai giovani, sull'e-commerce deve obbligatoriamente puntare. «Per l'architettura e la gestione del sito ci appoggeremo a una società specializzata», puntualizza Cioccoloni. «Da parte nostra creeremo una zona *ad hoc* dentro il magazzino riservata esclusivamente allo stock di prodotti destinati al commercio online. Quanto alla consegna, non ci sono problemi. Siamo già attrezzati per le spedizioni quotidiane. In ogni caso stiamo facendo delle verifiche, per essere sicuri che gli ordini vengano soddisfatti al massimo entro una settimana». Nodo cruciale. Con una platea di potenziali clienti composta in larga misura da ragazzi ipertecnologicizzati non si scherza: «Le promesse vanno mantenute».

Agroalimentare: il distretto emiliano

L'informatica non si mangia, ma fa mangiare meglio

Mondo aspettaci, stiamo arrivando. È questo, oggi, lo slogan dell'agroalimentare italiano. Dopo avere invaso la Germania (che da sola vale un quinto dell'export), la Francia e gli altri paesi europei, le imprese del settore hanno deciso di sferrare l'attacco finale agli Stati Uniti, sempre più sensibili al fascino (e alla bontà e alla genuinità) dell'*Italian food*. Mentre sullo sfondo si delinea il prossimo terreno di conquista: la Cina. Meglio, quei cento milioni di cittadini di Pechino e Shanghai superagiati e con gli occhi puntati sugli stili di vita occidentali. Gente che è già rimasta folgorata dalle griffe del fashion e ora ha cominciato a gustare anche i formaggi, la pasta, i vini tricolore.

È ripartito alla grande l'agroalimentare nostrano, a dispetto dei rincari a doppia cifra di molte materie prime. Una fetta fondamentale del PIL, che fattura complessivamente 124 miliardi, vede attive 6.300 aziende con oltre 9 dipendenti, conta 405.000 addetti. Per non parlare delle 225 specialità protette con marchi di origine: record europeo. I macchinari sono tornati a girare a pieno regime e nel 2010 sono stati recuperati ampiamente i livelli produttivi ante-crisi. Ma il dato più significativo viene proprio dalle esportazioni, che valgono poco meno di 21 miliardi e che appaiono in aumento del 10,6%, con punte del 24,4% nel comparto lattiero-caseario, dell'11,7 nell'enologico, dell'11,6 nel dolciario. La strategia, dunque, è chiara. I mercati internazionali rappresentano il futuro, sono quelli che possono (anzi, devono) garantire lo sviluppo. Anche perché, in parallelo, i consumi alimentari degli italiani sono diminuiti nel biennio 2007-2009 del 7,5%.

Se si vuole crescere, la strada è una sola: le imprese devono diventare davvero globali. E non ci si riferisce ai grandi gruppi: per loro questa strategia è persino ovvia. La trasformazione sta investendo pure i piccoli, specie chi può contare su prodotti di fascia alta e brand consolidati: i salumifici, le aziende conserviere, gli oleifici e i viticoltori, gli stessi pastifici.

Non è la prima svolta per il settore. Basti pensare all'avvento della grande distribuzione, il cui peso sull'insieme delle vendite è passato, secondo Nomisma, dal 50,2% del 1996 al 70,8 del 2009. Un'esplosione che ha costretto l'industria di trasformazione a rivedere radicalmente i sistemi di distribuzione e gli indirizzi commerciali. O al grande tema della sicurezza alimentare e della tracciabilità della filiera, che ha richiesto importanti investimenti (inizialmente decisi in modo spontaneo) e altri ne richiederà (stavolta obbligatori) con la completa entrata in vigore della recente legge sull'etichettatura (in pratica l'estensione della tracciabilità a tutti i prodotti alimentari). In compenso, si spera, dovrebbe venire stroncato, o almeno drasticamente ridotto, il fenomeno del falso made in Italy. È sufficiente andare su internet per trovare prosciutto di Parma e parmigiano reggiano provenienti dall'Argentina o dall'Australia: un business che vale niente meno che 80 miliardi.

Nel 2011, tuttavia, è iniziata un'autentica rivoluzione. Per conquistare il mondo occorre affilare le armi, dotarsi di nuove strategie. Bisogna organizzarsi e in fretta: è necessario allestire reti di vendita mirate sui ristoratori, preparare un merchandising divulgativo diretto ai consumatori, proporsi alla distribuzione internazionale di qualità con raggruppamenti di più prodotti coerenti. Ma soprattutto è indispensabile attrezzarsi all'interno, in fabbrica. Significa migliorare i processi, aumentare in via esponenziale l'automazione, strutturarsi per essere pronti a rispondere più rapidamente possibile a una domanda planetaria.

Una sfida che si può vincere. Grazie a un alleato formidabile: le tecnologie informatiche. Capaci di creare efficienza, ridurre gli sprechi e abbattere i costi. Di accorciare la distanza tra azienda e mercati finali. Di accelerare i tempi di reazione. Di movimentare velocemente le merci anche in grandi distanze. L'ICT è l'ultimo anello nella catena alimentare. Lo strumento chiave per portare le specialità gastronomiche della penisola ai buongustai di ogni continente.

La Food Valley italiana, fra tradizione e hi-tech

L'Emilia è regione votata all'agroalimentare da sempre. Non a caso è chiamata la Food Valley italiana. Capoluogo, Parma. Ma ormai l'originario distretto si è esteso enormemente, lungo l'intero asse della Via Emilia, da Piacenza a Bologna, e in là, verso la Romagna, fino a Rimini. Le attività risultano molto diversificate. Perché oltre ai due cavalli di battaglia, il prosciutto e il parmigiano, si sono moltiplicate le produzioni lattiero-casearie, quelle legate alla trasformazione ortofrutticola (salse di pomodoro, succhi di frutta eccetera), e le specialità di nicchia ma prestigiose (per esempio, le conserve ittiche).

Sul territorio si concentra un'ampia gamma di attività agricole e industriali tra loro collegate e strutturate in diverse, specifiche filiere. Sono presenti vasti allevamenti di bovini da latte e, principalmente, di suini. Quanto alle coltivazioni, si spazia dalla barbabietola al pomodoro. Senza contare gli appezzamenti di alberi da frutta.

Accanto a una miriade di micro e piccole imprese, operano nell'area alcuni gruppi leader in campo internazionale, nei comparti del latte, dei succhi, delle paste, dei dolci e dei prodotti da forno. Nel corso degli anni, inoltre, sono nate numerose aziende dell'impiantistica alimentare, spesso portatrici di un know-how di avanguardia, in grado di offrire il migliore supporto meccanico e tecnologico alle produzioni in senso stretto: da loro provengono in primo luogo macchinari ad alta automazione, ma anche apparecchi di misura, impianti di conservazione, confezionamento, imbottigliamento.

Questa stretta rete della buona tavola trova forza e giustificazione nella profonda interconnessione fra tradizione e scienza. Da una parte la cultura secolare dei prodotti tipici, dall'altra la più recente, ma ormai altrettanto consolidata, crescita di strutture accademiche dedicate al mondo degli alimenti. Da alcuni decenni, infatti, svolgono un prezioso ruolo di supporto alle imprese i centri di ricerca universitari (veterinaria, scienze e tecnologie dell'alimentazione, economia agroalimentare e aziendale, ingegneria industriale) e la Stazione sperimentale per l'industria delle conserve alimentari.

Ciliegina sulla torta, la Fiera di Parma, polo per manifestazioni internazionali legate all'agroalimentare. Il Cibus, l'appuntamento più importante, può competere a buon titolo con il Sial di Parigi e l'Anuga di Colonia. Il Cibus Tec, invece, è l'esposizione riservata all'impiantistica alimentare, un punto di incontro fondamentale per conoscere le più innovative tecnologie di processo per le lavorazioni del pomodoro, del latte, dei formaggi, dei salumi.

Inseguendo le tracce del cibo più buono

Ricette della nonna, ricerca scientifica, hi-tech. Ecco la miscela del successo dell'industria agroalimentare emiliana. L'informatica è entrata a poco a poco, prima nell'amministrazione, poi in produzione, infine nella logistica e nella distribuzione (gestione del magazzino e spedizioni). Ora l'ulteriore passo in avanti.

L'information technology rappresenta un duplice valore aggiunto. Sul fronte aziendale, a parte la migliore organizzazione dei processi, garantisce una qualità di produzione costante e ripetibile: per intenderci, le confezioni di prosciutto devono avere tutte lo stesso peso, le fette vanno stese nell'identico modo, le confezioni sottovuoto devono contenere una precisa percentuale di azoto; e ancora, il succo di arancia deve sempre avere lo stesso sapore, a Bolzano come a Palermo, a New York come a Tokyo. Sull'altro versante, quello dei consumatori, l'ICT è sinonimo di sicurezza. I sistemi computerizzati arrivano a scartare automaticamente i frutti acerbi o marci e a individuare i granellini di terra rimasti dopo il lavaggio. Ed è grazie all'informatica che sugli scaffali dei negozi e dei supermercati possono giungere quotidianamente i prodotti più freschi.

Non è una semplice questione di rispetto delle leggi, alle quali comunque un'impresa deve adeguarsi, in particolare se vuole sfondare sui mercati esteri. Il fatto è che quando si parla di cibo, di ciò che finisce nel piatto, non si può scherzare. Gli investimenti in questa direzione sono ben riposti, certamente offrono un ottimo ritorno.

L'ultimo fronte in tal senso è quello della tracciabilità. Alcune imprese, in nome dell'immagine e della leadership di mercato, hanno introdotto la completa tracciabilità interna (dall'entrata della materia prima alla spedizione) fin dai primi anni Duemila. Si può fare di più. Si deve fare di più. Occorre risalire all'intera filiera, al campo, all'allevamento. Addirittura all'alimentazione del maiale e della mucca. Molti si stanno attrezzando, con rigorosi protocolli che agricoltori e allevatori sono tenuti ad accettare e il cui rispetto viene certificato appunto per via informatica.

A Parma e dintorni si è aperta una nuova era. Il concetto è chiarissimo: la tecnologia non si mangia, ma fa mangiare meglio.

Parmacotto
Il prosciutto ad alta tecnologia

Uno mangia una fetta di prosciutto e pensa: «buono», «gustoso», «saporito». Cose del genere. Nessuno se ne esce con espressioni tipo «innovativo», «d'avanguardia», «hi-tech». Sembrerebbero giudizi strampalati. Invece no. Dietro a una semplice (e ottima) fetta di prosciutto si muove un mondo che al consumatore è sconosciuto. Un mondo ad alta tecnologia. Basta entrare nello stabilimento della Parmacotto, inaugurato il 27 marzo 2010, il più moderno, automatizzato, informatizzato d'Europa. Per il quale il presidente Marco Rosi e i figli Alessandro (amministratore delegato) e Stefania (direttore marketing) hanno investito la bellezza di 25 milioni.

Parmacotto, nata nel 1978, fin dal nome ha voluto (ri)dare dignità al prosciutto cotto, trasformandolo in un prodotto sostanzialmente nuovo, di qualità: non a caso, nel 1994, è stata la prima azienda italiana a ottenere l'autorizzazione dalla Food and Drug Administration per introdurlo negli Stati Uniti. Nello stesso tempo è stata sempre attenta all'innovazione di processo, per esempio eliminando da subito i polifosfati e, più di recente, lanciando una linea di prosciutti a ridotto contenuto di sodio. Non contenta, ha rivoluzionato le abitudini di acquisto di ognuno di noi, inventando negli anni Ottanta le vaschette salvafreschezza con i salumi già affettati (proprio quelle che riempiono gli scaffali dei supermercati). Ha fatto persino scuola nel marketing, grazie alle campagne pubblicitarie di Sofia Loren, Christian De Sica e, ultima, di Diego Abatantuono con la regia di Gabriele Salvatores. Insomma, a Parma non sono mai rimasti con le mani in mano. Il fatturato ha continuato a crescere e oggi ha raggiunto i 168 milioni (il 16% proveniente da 18 paesi esteri), i dipendenti sono 400 divisi in quattro unità produttive (tre a Parma e una a San Gimignano, provincia di Siena, frutto dell'acquisizione del Salumificio Piacenti), mentre la rete di vendita è composta da 180 agenti in Italia, cui si aggiungono le consociate in Francia e Stati Uniti, più i distributori nel mondo.

Parmacotto lavora 11 milioni di chili di carne all'anno, sforna 200.000 vaschette al giorno, ha 250 referenze diverse (dal cotto al crudo, dal salame al culatello), divise per qualità, stagionatura, peso, oltre che per formato di vaschetta. Tra i clienti figurano le principali catene della grande distribuzione, che complessivamente costituiscono il 65% dei ricavi. Per farla breve, è un "piccolo gigante", specie se si pensa che il mercato italiano dei salumi conta oltre 2.000 produttori e solamente una ventina sono imprese con 100 addetti.

«Tutto vero. Ma non potevamo certo accontentarci», taglia corto Marco Rosi. Il nuovo stabilimento, una superficie di 72.000 metri quadrati, 25.000 dei quali coperti, è il suo fiore all'occhiello. «Perché va bene l'esperto che annusa il prosciutto e prova il grado di stagionatura con un bastoncino, ma poi ci vogliono anche linee automatiche, efficienza. E, soprattutto, controlli qualità e tracciabilità della filiera. Con quello che mangiamo non si può scherzare».

Ecco dunque le "camere bianche", le affettatrici a controllo numerico, il magazzino automatizzato con 3.000 posti pallet. Oppure, per scoprire l'altra faccia della medaglia, si può andare al piano superiore: un labirinto di tubi di acciaio, caldaie, impianti di aspirazione e climatizzazione. È l'enorme stanza per il trattamento dell'aria. Che assicura una temperatura costante estate e inverno, per giunta diversa nei vari locali: da 0 a 4 gradi per la conservazione, +3 per il magazzino, e così via. Ogni linea di produzione ha il suo sistema di condizionamento: apparecchiature sofisticate che aspirano aria "consumata" e ne immettono di "pulita". Pure qui, ovvio, a temperatura differente a seconda che si debba lavorare prosciutto crudo, cotto o salame.

La sicurezza alimentare non è una moda. È un valore aggiunto e persino una necessità, in particolare per un'impresa che punta a crescere sui mercati internazionali. Aria filtrata, ambienti climatizzati, lavaggi e rilavaggi dei contenitori e dei macchinari, riduzione al minimo di pratiche manuali e di contatti umani sono elementi essenziali per garantire la genuinità di ciò che finisce in tavola. Ma è evidente che il cuore della questione sta nel processo di lavorazione. La strategia di Parmacotto è stata chiara: spingere sul terreno dell'automazione.

L'azienda compra prosciutti e salumi da centri di macellazione sparsi in Italia e in Europa, principalmente in Germania e Danimarca. Nel nuovo stabilimento di Parma, oltre agli uffici, sono concentrate le attività di affettamento, confezionamento e tutta la logistica. Sei sono le "camere bianche", locali pressoché sterili all'interno dei quali si trovano 14 linee di produzione, 3 sempre riservate al prosciutto cotto. Si tratta di grandi macchinari in cui il prodotto, proveniente dalle celle di conservazione, viene affettato, pesato, deposto nelle vaschette (realizzate *ad hoc* e mai acquistate all'esterno), sigillato e imballato. Ogni linea è preimpostata e controllata a computer, con tipologia di prodotto, pesi da confezionare, quantitativi, eccetera eccetera. «Iniziamo alle 6 del mattino su previsioni della domanda», racconta Rosi. «A partire dalle 11 giungono gli ordini veri, circa 300-350 al giorno. A quel punto correggiamo e integriamo la produzione. Dalle 17 alle 20 effettuiamo le spedizioni. La mattina dopo la merce è sui banconi dei supermercati». Quanto ai controlli qualità, il laboratorio interno svolge 200.000 analisi all'anno su campioni di prodotto: esami chimici e microbiologici a 360 gradi, cominciando dai test sulla listeria, pericolosissimo agente patogeno.

Potenza dell'hi-tech. E in particolare dell'informatica. Che assume un ruolo assolutamente decisivo riguardo alla tracciabilità. «Una tracciabilità», sottolinea Rosi, «che per noi è completa: dal macellatore, che a sua volta può risalire all'allevatore, all'ora di lavorazione, all'affettatrice utilizzata, alla singola vaschetta nella quale il prosciutto è stato confezionato, al cartone dell'imballaggio. Fino alla posizione del pallet in magazzino. Tutto lì, sul codice a barre dell'etichetta». Rosi, però, ha un progetto ancora più ambizioso: «Vogliamo arrivare a tracciare il menù del maiale». Tradotto, significa andare dagli allevatori e fare un discorso di questo genere: se volete lavorare con noi, gli animali devono venire alimentati in questo modo. E dovete anche essere in grado di dimostrare che seguite il nostro protocollo. «Ci vuole un know-how molto forte», allarga le braccia Rosi, «occorre intrecciare una serie di rapporti che al momento non abbiamo. Il traguardo comunque è questo: prima o poi ci arriveremo».

Tracciabilità e gestione degli impianti (e del magazzino) sono gli esempi più evidenti. Ma nel modernissimo quartier generale di Parmacotto tutto è controllato a livello informatico, a partire dall'accensione delle luci e dai permessi di accesso differenziati a seconda del grado di abilitazione inserito nei badge. Figurarsi quando si parla di gestione dei fornitori, di distribuzione o di controllo qualità. «La verità è che ormai siamo totalmente dipendenti dall'informatica», garantisce il presidente. «Senza una struttura adeguata questo stabilimento gioiello rimane bloccato, come una Ferrari senza gomme».

Con l'inaugurazione della nuova fabbrica, Parmacotto è passata a una piattaforma con una quindicina di server virtualizzati. Flessibilità, risparmio e soprattutto sicurezza sono le ragioni alla base di questa scelta. Un'azienda che opera in un settore delicato come l'alimentare, dove le lavorazioni (e gli ordini e le spedizioni) sono a ciclo continuo e oltretutto hanno bisogno di temperatura costante e processi rigorosi, non può permettersi blackout o interruzioni nella circolazione delle informazioni.

Fisicamente rimangono in funzione tre server: uno su cui gira il gestionale, interfacciato con l'acquisizione degli ordini, gli altri due contenenti i database di produzione, dedicati rispettivamente al funzionamento dei macchinari (ma anche alle statistiche di produzione) e alla logistica (movimentazione del magazzino). Al resto pensano i server virtualizzati, sui quali si dividono tutte le funzioni aziendali. I principali sono riservati alla posta elettronica, al controllo delle presenze, alla gestione degli smartphone, all'antispam. Uno è impiegato per la digitalizzazione dei documenti: «Un processo solo all'inizio e lunghissimo», spiega Marco Tarasconi, responsabile dell'information technology. «Il sogno è arrivare all'abolizione della carta».

E per il futuro? I programmi non mancano. In buona parte legati all'espansione dell'export: «In tre anni vogliamo raddoppiare la cifra d'affari sui mercati internazionali», taglia corto Rosi. Oltre al rafforzamento della presenza in Europa e negli Stati Uniti, all'orizzonte c'è la penetrazione in Australia, Giappone e Far East. Magari con la creazione di altre consociate. Allora, dalle videoconferenze alla gestione degli ordini, l'ICT troverebbe un impulso ancora maggiore. E sicuramente sarebbero necessari ulteriori investimenti. D'altronde, non c'è niente da fare: solo l'informatica può aiutarti a mandare il prosciutto fresco all'altro capo del mondo.

Conserve Italia
La control room al servizio della (buona) tavola

Innovazione, innovazione, sempre a parlare di innovazione. Ma che ci sarà mai da innovare in un succo di frutta? Deve essere buono, punto e stop. Angel Sanchez, sbarcato da Madrid a San Lazzaro di Savena, periferia di Bologna, per guidare Conserve Italia, accetta la provocazione: «Quanto tempo ho? Perché se inizio non riesco a fermarmi». Inizia. E per spiegarsi meglio prende in mano a uno a uno i suoi prodotti: «Si può innovare anche nei succhi di frutta, altroché. A partire dal packaging, dal design. Ma il problema, siamo d'accordo, è quello che ci sta dentro. Per esempio, si può mettere il 70% di frutta anziché il 50. Si possono usare solamente pesche gialle e pere Williams. E poi bisogna vedere come avviene il processo di trasformazione. A quel punto si capisce la differenza: c'è succo e succo e c'è bontà e bontà».

Conserve Italia è un colosso cooperativo. Suoi soci (e fornitori per l'86% delle 700.000 tonnellate di materie prime lavorate) sono 51 cooperative, che a loro volta riuniscono 16.000 produttori ortofrutticoli sparsi lungo la penisola. Il fatturato supera il miliardo (65% in Italia e il restante 35 in una novantina di paesi esteri), con 3.000 dipendenti all'opera in 14 stabilimenti (9 in Italia, 4 in Francia, 1 in Spagna). Dal 1994 tutti gli stabilimenti sono sotto la diretta gestione della casa madre, che ha assunto quindi il controllo dell'intera attività sia industriale sia commerciale. Tra i marchi spiccano Valfrutta, Yoga, Derby, Cirio, De Rica, St. Mamet, Juver, Jolly Colombani. «Teniamo cuore italiano», sorride Sanchez, autocitando la campagna pubblicitaria che vede protagonista Gérard Depardieu. «Noi siamo a pieno titolo un'impresa del made in Italy, ce ne vantiamo e ne facciamo un *plus* a livello planetario. Difficile immaginare la forza che un brand come Cirio, nonostante mille vicissitudini, continua ad avere».

Sì, ma dietro all'immagine c'è, deve esserci, la sostanza. Che per Conserve Italia è fatta di record. Nel 1986 l'inaugurazione del primo magazzino interamente automatizzato. Dal 2002 la tracciabilità completa della filiera: «Ogni camion che arriva a ogni stabilimento, in modo che si possa risalire alla quantità, alla qualità, all'ora di entrata della partita di materia prima. E dopo, il controllo di tutte le fasi di lavorazione. In aggiunta, le singole cooperative sono in grado di percorrere il viaggio a ritroso fino al campo». Nel 2007 la revisione dell'architettura ICT con l'introduzione della virtualizzazione dei server. Senza contare le migliaia di analisi condotte annualmente, per un totale di un milione e 300.000 dati disponibili: sui residui di fitofarmaci, la presenza di tossine e di sostanze OGM, i conservanti, i valori nutrizionali, e così via.

Insomma, Conserve Italia è un'azienda ad altissima tecnologia. Tanto nei processi produttivi quanto a monte e a valle, nei rapporti con i fornitori, nell'acquisizione degli ordini, nella logistica. «Ci sono gli obblighi derivanti dalle normative internazionali, è vero», dice Sanchez. «Le nostre pratiche, comunque, sono ben più rigorose. Lo facciamo per noi, per la nostra reputazione. No, è diverso: ce lo impone il rispetto per la clientela».

La qualità, in un succo di frutta o in una passata di pomodoro, può anche non vedersi, l'importante è che si senta. Ma che cosa c'è dietro? Come nasce, a quanti passaggi è sottoposto, per esempio, un buon succo alla pesca? Teobaldo Bernardi, direttore operativo, ci pensa un attimo. «Cominciamo dall'arrivo delle pesche. Si scaricano i camion e all'accettazione c'è già un controllo qualità. Poi le pesche vengono posizionate su un nastro trasportatore dove subiscono un primo lavaggio. Il nastro le conduce alle denocciolatrici, dove appunto viene tolto il nocciolo. Successivamente la polpa viene riscaldata all'interno delle macchine passatrici, che contemporaneamente fungono da filtro. Ne esce una sorta di purè di pesca. Ed è qui che entrano in gioco le tecnologie più innovative. Questo purè, infatti, deve essere pastorizzato, cioè cotto a vapore oltre i 100 gradi per uccidere i batteri, quindi raffreddato e infine introdotto nelle "cantine", grandi serbatoi di conservazione: il tutto in assetto sterile, a pressione certa, con l'aggiunta di un preciso quantitativo di azoto. Il prodotto va trattato con la massima igiene, non deve subire nessun tipo di modificazione e, caratteristica decisiva, deve essere uguale, partita per partita, ovunque si acquisti. Un processo possibile grazie a macchinari completamente automatizzati, gestiti a livello informatico, la cui attività è impostata nella nostra *control room*».

È l'hi-tech che approda in tavola. Di esempi Conserve Italia ne ha a bizzeffe. «Vogliamo parlare del pomodoro e delle cernitrici ottiche?». Bernardi si appassiona: «Sono macchine a raggi laser e raggi x, qualcosa di simile a quelle che si trovano negli aeroporti per guardare dentro i bagagli. Fino a qualche anno fa controllavano solamente il colore del pomodoro e la sua forma. Adesso passano letteralmente attraverso il frutto, sono capaci di notare corpi estranei di qualsiasi genere, dai sassi ai lombrichi, e in questo caso individuano il "pezzo" da espellere, che viene automaticamente aspirato e allontanato dalla linea. Alla fine, un sistema di metal detector verifica a una a una le scatole di pelati o di passata, in modo che non scappi nulla, che il prodotto sia purissimo».

Se non fosse sufficiente l'automazione nei processi, si potrebbe fare un salto a visitare i due magazzini interamente informatizzati (con tanto di sistemi wi-fi) e robotizzati di Barbiano di Cotignola (provincia di Ravenna), riservato ai succhi di frutta (20.000 posti pallet), e di Pomposa (provincia di Ferrara), dedicato ai pomodori e agli altri prodotti (25.000 posti pallet). «Il bello, però», giura Sanchez, «deve ancora venire». Il grande capo si riferisce al terzo magazzino, in costruzione a Pomposa. Un "mostro" da 60.000 posti pallet, con 12 lunghissimi corridoi e appena 3 macchine-robot per depositare e prelevare la merce. «Sembra banale, ma l'autentica novità è che le macchine fanno le curve. Non corrono semplicemente avanti e indietro, ma sono programmate per compiere l'inversione a U. Per questo ne basta una ogni quattro corridoi». Considerato che Conserve Italia ha in "catalogo" 1.500 referenze e che quotidianamente partono verso gli scaffali dei negozi e soprattutto della grande distribuzione 3.000 tonnellate di prodotti non è un risparmio da poco.

L'azienda di San Lazzaro di Savena è stata tra le prime nel settore agroalimentare a credere nei vantaggi competitivi dell'ICT. Sanchez la riassume così: «L'information technology non rende la frutta e i pomodori migliori, ma sicuramente rende migliori i prodotti a base di frutta e pomodori». Vero. L'ICT assume un ruolo strategico in ogni passaggio. Dal campo (dove alle cooperative socie viene imposto il rispetto di rigorosi disciplinari la cui applicazione è controllata a livello informatico), ai processi di trasformazione (gestione computerizzata degli impianti), alla logistica (i magazzini automatizzati). Eppure Sanchez adotta il basso profilo: «La cosa più importante», sostiene, «è che abbiamo praticamente eliminato la carta. Quelle poche comunicazioni che ancora ci arrivano via fax vengono trasformate in file digitali immediatamente messi in rete, a disposizione dei vari uffici».

Naturalmente tutto ciò richiede un'architettura hardware e software all'avanguardia. Inevitabile, dal momento che, per citare un dato, solamente le workstation sono 1.050. Nel 2007 il salto di qualità, con gli investimenti per la virtualizzazione dei server. «Una scelta logica e quasi necessaria», afferma Sanchez. «Si trattava di garantire l'operatività giorno e notte. Ma non solo. È il contesto competitivo globale che richiede servizi informatici in tempi sempre più rapidi, con assoluta affidabilità e, perché no, a costi inferiori». Conclusione: in Conserve Italia c'erano 70 server fisici. Attualmente ne sono in funzione 12 fisici e 80 virtuali, con notevoli vantaggi in termini di energia e lavoro. Nel 2010 è stata anche adottata la tecnologia di deduplica, che fa risparmiare spazio su disco fisso e aumentare le performance dei backup dal 30 al 70%, a seconda dei dati di partenza. Recentissima, infine, l'integrazione voce e dati in un'unica infrastruttura. Principali risultati: grande flessibilità d'uso, un unico team di tecnici con le medesime competenze, telefono virtuale.

Si potrebbe usare un termine: efficienza. Al servizio del mangiare sano. «Sapete», conclude Sanchez, «qual è oggi il nostro margine di errore, la percentuale di prodotti scartati perché "difettosi"? Lo 0,01%». Non ditelo a Sergio Marchionne...

Mutti
Sulla traccia del pomodoro migliore

Al centralino, nell'attesa, risponde una musichetta. Non le solite *Quattro stagioni* di Vivaldi. No: *Viva la pa-pa-pappa col po-po-pomodoro*, una giovanissima Rita Pavone in versione Giamburrasca. Era il 1964, ma la canzoncina la intonano ancora i bambini a scuola. Niente di più azzeccato per dare il benvenuto alla Mutti di Basilicanova (provincia di Parma). Un modo per fare capire immediatamente che della materia, da queste parti, se ne intendono. «Solo pomodoro. Per passione», recita lo slogan pubblicitario. Una specializzazione che risale addirittura al 1899.

Ora, uno può pensare: il pomodoro è il pomodoro, frutto della terra, cibo semplice, uguale nei secoli. Macché. Alla Mutti lo hanno innalzato non solo a oggetto di studio, di culto e cultura, ma anche a prodotto in continuo cambiamento. «Basta ricordare il "mitico" tubetto con il ditale», si illumina Francesco Mutti, il presidente. Lui, in quel 1951, non era nemmeno nato. La leggenda di quell'invenzione, però, la conosce alla perfezione, perché si tramanda di generazione in generazione e corre anche tra i dipendenti. «La concorrenza ci irrideva», racconta. «Che cosa? Volete infilare il concentrato di pomodoro in un tubetto? La gente lo scambierà per il dentifricio... Abbiamo tenuto duro. Mettendo a punto, tra l'altro, una vernice epossidica con funzioni protettive, per evitare che il succo venisse a diretto contatto con l'alluminio. Per chiuderlo, altra idea di marketing assolutamente geniale: un tappo a forma di ditale, che richiamava l'idea di casa, di famiglia. Non avremo cambiato il mondo, ma quasi». Oggi la Mutti ha un fatturato di 120 milioni (il 22% in 50 paesi del mondo), conta un centinaio di addetti fissi che diventano 300 con i picchi stagionali, e sforna 90.000 tonnellate di prodotto all'anno. Qui si fa innovazione vera anche in un segmento specifico come il pomodoro: dopo il concentrato in tubetto è arrivata, nel 1971, la famosa polpa. Nel 2004 è stata la volta dell'aceto di pomodoro. Nel 2007 sono stati lanciati i sughi. Ma soprattutto si fa innovazione di processo, «quella che il consumatore non vede ma sente, che non si interrompe mai e passa per l'attenzione spasmodica alla qualità».

Francesco Mutti, prima che un industriale e un operatore del ramo, è uno scienziato del pomodoro. Per il quale prevede un luminoso futuro sulle tavole di ogni continente. Il mercato cresce a livello internazionale del 4% all'anno. Merito delle spinte culturali verso l'alimentazione vegetariana, della sensibilità per i temi della salute, dell'interesse per la sostenibilità ambientale. «E poi», sorride, «ci sono i grandi *driver* del pomodoro: la pasta e la pizza». Meglio cavalcare l'onda. Chi si ferma è perduto. Ecco allora gli investimenti in tecnologia. Come il grande, modernissimo evaporatore a film cadente, entrato in funzione nel 2009, che consente la riduzione dei tempi e della temperatura per l'estrazione del concentrato. Un processo capace di garantire maggiore freschezza, oltre che massima conservazione del gusto e delle proprietà organolettiche.

Non basta. L'aspetto più importante riguarda il controllo totale della filiera, dalla coltivazione alle varie fasi di lavorazione e trasformazione. Mutti si fa garante davanti ai consumatori di indicare le varietà di pomodoro, di effettuare rigide verifiche sui terreni e sulle colture, di svolgere analisi del prodotto in entrata, di rendere rintracciabili i singoli lotti. Il tutto attraverso il rispetto di un protocollo rigoroso che si traduce in una certificazione di qualità. E che va ad aggiungersi alla certificazione "No OGM" e all'attestazione "cento per cento pomodoro italiano". Inoltre ci sono i premi. I Pomi d'oro, per i migliori coltivatori. Il progetto varato insieme al WWF per incentivare la produzione a basso consumo di acqua. E tante iniziative di ogni genere, natura e specie.

Per l'azienda parmense "qualità" è un concetto a 360 gradi. Che parte dal campo, passa per la fabbrica e approda sulle tavole di milioni di famiglie nei cinque continenti. «È tutta l'azienda che tende continuamente al meglio. Da sempre», sottolinea il presidente.

Ma come avviene, in concreto, il controllo della filiera? Le imprese agricole, tutte della Pianura Padana, che intendono lavorare con la Mutti (quasi un privilegio, anche perché vengono pagate circa il 5% in più dei prezzi di mercato) devono accettare il disciplinare di produzione. In base a questo si impegnano a scegliere le varietà più idonee al terreno, alla rotazione quadriennale delle colture e soprattutto all'eliminazione di fertilizzanti ed erbicidi. Ogni fornitore è tenuto alla stesura di un autentico verbale che riporta decine di voci, dalle sementi impiegate al giorno di raccolta. Una delle regole, per fare un esempio, impone di sospendere la raccolta dalle 13 alle 16, le ore più calde della giornata.

Quando il carico giunge a Basilicanova scatta il vero controllo qualità, effettuato attraverso metodi innovativi e strumenti hi-tech. Con un prelievo a campione di 20 chili, si osserva il grado di maturazione del prodotto, si verifica l'eventuale presenza di terra, sassi e corpi estranei e, quel che conta maggiormente, si analizzano il grado zuccherino e l'acidità del pomodoro. Una sorta di visto preliminare di idoneità. Se l'esame è positivo, si provvede allo scarico e al trasferimento dei frutti verso le piscine. Durante il tragitto avviene un primo lavaggio, mentre due selezionatrici ottiche individuano ed eliminano quelli non adatti alla trasformazione. A fermare il processo di fermentazione pensa lo stoccaggio in cinque grandi piscine piene d'acqua. Successivamente i pomodori escono dalle piscine attraverso bocchette che ne dosano il flusso e arrivano ai nastri di cernita, dove subiscono un ulteriore lavaggio. A questo punto si può cominciare: i pomodori sono pronti per essere trasformati in concentrato e polpa.

La tecnologia? «L'analisi della materia prima oggi passa da processi informatici evolutissimi», assicura Francesco Mutti. «Noi, comunque, avevamo imboccato questa strada già trent'anni fa, utilizzando carta, penna e calamaio. Una cosa è certa: l'ICT fa risparmiare tempo e denaro». Senza contare che l'information technology non viene impiegata solamente per il controllo qualità della materia prima. I computer fanno girare la fabbrica, con i moderni (e giganteschi) impianti di trasformazione e confezionamento. Ancora: uno dei problemi maggiori è la gestione del magazzino. «Un magazzino enorme, perché la lavorazione del pomodoro è stagionale, da agosto a settembre. Di conseguenza dobbiamo preparare e depositare un fortissimo quantitativo di prodotto finito». Infine c'è la logistica di distribuzione. La Mutti rifornisce le maggiori catene della grande distribuzione nel mondo. La raccolta ordini e l'inoltro della merce avviene direttamente al quartier generale. «Stiamo pensando di aprire filiali nei principali paesi di sbocco, Francia in testa», aggiunge Mutti, «proprio per snellire il peso della logistica».

Insomma, le complessità, da gestire anche e soprattutto attraverso l'informatica, non mancano. Tanto che l'azienda ha messo a punto di recente un sofisticato programma ERP che, oltre a controllare il sistema dei costi, tiene conto in modo particolare delle variabili dettate dalla grande distribuzione: condizioni di fornitura (listini e scontistica) lungo tutta la catena (centrale di acquisto, capogruppo, cliente intestatario fiscale e destinazione), gestione dei contratti annuali (premi finali e contribuzioni varie), costi di trasporto, eccetera eccetera.

Tecnologie d'avanguardia al servizio di un'organizzazione modello. La questione centrale, per la Mutti come per tutte le aziende alimentari, rimane comunque la tracciabilità. Ed è questa l'area in cui l'ICT può davvero fare la differenza. Non è semplicemente un problema di rispetto delle legislazioni dei vari paesi. Tanto meno di immagine. «Il fatto è che il futuro è qui, nella sicurezza di quello che mangiamo. Bene, con un sistema di bilance satellitari», spiega Francesco Mutti, «siamo in grado di verificare il peso e il tragitto di un trasporto di materia prima minuto per minuto». Il Tir viene caricato con 300 quintali all'ora x? Significa che entro l'ora y deve arrivare a Basilicanova. Se ciò non avviene il pomodoro ne risente. Che cosa è successo? Perché il camion non è partito immediatamente? Quali intoppi ha incontrato lungo il tragitto? Pure questa è tracciabilità. Già, si fa presto a dire passata di pomodoro.

Rizzoli Emanuelli

L'acciuga, il cibo povero che diventa ricco con l'ICT

Il viaggio dell'acciuga dal mare alla nostra tavola va assolutamente raccontato. «In effetti», annuisce Massimo Rizzoli, direttore generale della Rizzoli Emanuelli di Parma, azienda leader nel settore delle conserve ittiche, «è difficile immaginare quanta strada percorre quel piccolo pesce prima di diventare, che so, il filetto di acciuga in salsa piccante che mangiamo a Natale».

Obbligatorio partire delle barche: una settantina di pescherecci «a nostra completa disposizione, di più, sotto il nostro controllo» che tirano su 4 milioni di chili di pesce fresco all'anno nei mari della Croazia. La Rizzoli Emanuelli fornisce loro il ghiaccio, da utilizzare in misura di 1 chilo ogni 8,5 chili di acciughe finite nelle reti. E ancora: gli equipaggi sono tenuti al rispetto di un disciplinare rigoroso sia per quanto riguarda il metodo di pesca (esclusivamente al cerchio, con le lampare, e mai a strascico) sia per ciò che concerne la temperatura di conservazione immediata, a non più di 6 gradi. Ogni sbarco viene controllato. Un sistema di kit rapidi consente entro due ore di verificare il livello di istamina, un pericoloso agente allergenico. «Non è solamente questione di salute», sostiene Annalisa Sergi, responsabile della qualità. «È soprattutto un indice di eccellenza del prodotto. La legge consente una presenza di istamina di 200 parti per milione, noi non tolleriamo oltre le 10 parti per milione». Dal porto ci si muove poi verso lo stabilimento, vicino a Biograd: di corsa, dal momento che l'acciuga va lavorata fresca, quando è ancora azzurra, massimo entro 8 ore.

A questo punto inizia il processo di lavorazione. Il pesce viene decapitato a mano e ripulito del tratto intestinale. Quindi è riposto in barili da 100 chili, inframmezzato da strati di sale, e messo sotto pressione. Da qui comincia la tracciabilità: ogni barile viene sistemato in magazzino con un codice che indica la barca, l'ora della pesca, di arrivo nello stabilimento e così via. Una tracciabilità che accompagnerà la partita di prodotto fino alla singola confezione. Terminate l'asciugatura e la salatura, si avvia la stagionatura: un processo enzimatico controllato, a una temperatura di 12 gradi, con periodici rabbocchi di salamoia, che può durare da tre a sei mesi e al termine del quale il pesce prende il tipico colore rossiccio. Da quel momento la nostra acciuga può essere filettata, rigorosamente a mano, da 350 addette che eliminano le spine.

Rimane l'ultima fase, il confezionamento. Che in parte avviene in uno stabilimento albanese, in parte a Parma, al quartier generale della Rizzoli, che funge da *terminal food* e dove sono in funzione modernissimi macchinari riservati alle Rizzoline e a Frescalice, le linee più recenti e innovative. Al contrario della lavorazione, molto manuale, il confezionamento è a elevata tecnologia. Con impianti per il packaging, per il sottovuoto, per la conservazione in compensazione di azoto. Per non parlare del magazzino, interamente automatizzato. Ok, l'acciuga è pronta. Via libera verso gli scaffali dei negozi e della grande distribuzione. E naturalmente verso il piatto. Se uno vuole, può risalire al pescatore che l'ha estratta dal mare, alla signora che l'ha pulita, può sapere quanti giorni ha trascorso nella stagionatura (come un prosciutto crudo o una bottiglia di champagne), quando la scatoletta è stata sigillata. Tutto. Ma quel che conta è il risultato: si mangia una cosa buona. E sana.

Capita l'antifona? E pensare che il pesce azzurro, nell'immaginario del consumatore, è un cibo semplice, addirittura povero.

Anche la storia della Rizzoli Emanuelli va raccontata. Una famiglia torinese che nel 1906 decide di occuparsi di acciughe sfruttando la rotta che dal Mar Ligure porta al capoluogo sabaudo. La via del sale, o meglio dei contrabbandieri. Poiché all'inizio del Novecento sul sale c'erano forti imposte, si imbrogliava l'erario facendo commercio di pesce azzurro. Che successivamente veniva fatto essiccare proprio per estrarne sale marino. I Rizzoli si appassionano al settore. Al punto da trasferirsi negli anni Trenta in Emilia, già terra di eccellenza (e di tecnologie d'avanguardia) nell'agroalimentare, per creare un'impresa che alle conserve ittiche affiancava la produzione di olive, pomodori, marmellate. Dopo la guerra, il tonfo e la ripartenza, con la concentrazione nel *core business*: le acciughe, le alici, il tonno.

Oggi la Rizzoli Emanuelli è giunta alla quarta generazione, fattura 26 milioni e ha una ventina di dipendenti a Parma. Se però si aggiungono le aziende di Cefalù, in Croazia e in Albania, autonome dal punto di vista societario ma controllate a livello di gestione e di processi, si arriva a un migliaio di addetti tra fissi e stagionali. «Alla fine degli anni Settanta», spiega Massimo Rizzoli, «siamo stati tra i primi a credere nella grande distribuzione. Nel 1995 la vera svolta, con la decisione di verticalizzare l'attività, occupandoci direttamente di ogni fase, dal motopeschereccio al confezionamento, alla spedizione. Il tutto con prodotti di eccellenza, che rientrano nella cosiddetta fascia premium. E con piccole, continue innovazioni. Qualcuno ricorderà le vecchie scatolette di filetti di acciughe che si aprivano con un ferretto intorno al quale bisognava arrotolare la latta: bene, noi abbiamo introdotto l'apertura a strappo, come sulle lattine. Abbiamo lanciato il tonno nei vasetti di vetro. La conservazione dei prodotti al naturale in alga marina. E potremmo andare avanti nell'elenco».

Ultima invenzione, frutto di un accurato studio di marketing e di importanti investimenti tecnologici, le acciughe in confezione monodose, proposte in piccole vaschette flessibili simili a quelle delle confetture, o meglio della Nutella: «Certo, mangiare un'acciuga è uno sfizio, esattamente come la cioccolata. Si può spalmare sul pane, può essere uno spuntino per merenda». Un'innovazione di packaging, ma anche di prodotto (metodo di conservazione), di trattamento (chiusura sottovuoto ad atmosfera modificata) e soprattutto di fruizione da parte della clientela. «Abbiamo intercettato un bisogno, come dicono gli esperti, e creato un nuovo mercato», taglia corto Rizzoli. «Adesso vendiamo un milione di confezioni nella tradizionale scatoletta di latta da 46 grammi e altrettante nella vaschetta monodose da 23 grammi».

Ora la Rizzoli Emanuelli può proseguire i suoi programmi di espansione. Che significano in modo particolare mercati esteri. «Attualmente siamo al 5% sul totale dei ricavi. Possiamo e dobbiamo crescere, partendo dalla Spagna e dai paesi del Mediterraneo».

Si può fare: le acciughe come *delicatessen* made in Italy. Magari con l'aiuto dell'ICT. Il primo investimento nell'hardware ha riguardato la gestione del magazzino. «Dal 2003 è interamente mappato. E non è cosa di poco conto», sottolinea Massimo Rizzoli, «visto che sono 4.500 metri quadrati, per 2.800 posti pallet, mediamente occupati per il 70-80%». Vuole dire che ogni lotto di pesce che entra, già con un codice attraverso il quale si può risalire al giorno di pesca, continua a essere tracciato per tutti gli altri processi, fino alla singola confezione. Conclusione: sia le materie prime (o i semilavorati) sia i prodotti finiti devono trovare all'interno del magazzino lo spazio giusto, sulla base del famoso metodo FIFO (*first in*, *first out*, primo a entrare, primo a uscire). «Avevamo acquistato appositamente un server», continua Rizzoli, «sul quale giravano i software del gestionale interfacciati proprio con quelli per la movimentazione del magazzino. A ciò si aggiungeva il funzionamento di una decina di lettori ottici».

Quasi preistoria. Nel 2010 è stata creata una nuova architettura, con due server gemelli. Il primo è dedicato all'impostazione e al controllo dei macchinari della fabbrica, quelli ad alta automazione per il packaging delle linee Rizzoline e Frascalice. Il secondo è riservato alla posta elettronica e al cosiddetto *small business*, i file di comunicazione interni ed esterni. Da quest'ultimo, tuttavia, sono stati ricavati tre server virtuali, in modo da assicurare la continuità operativa e la massima flessibilità. Sono utilizzati rispettivamente per il gestionale aziendale e il funzionamento ottico del magazzino, mentre l'ultimo sovrintende alla sicurezza dati (autorizzazioni di accesso, sistemi antispam eccetera).

In concreto, oggi gli ordini giungono direttamente al magazzino. In automatico si verifica che sia tutto a posto: quantitativi, scontistica, indirizzi, disponibilità dei prodotti in azienda. E sempre in automatico il computer indica la partita da prelevare. «Abbiamo risparmiato soldi e tempo», conclude Rizzoli. «Ma, quel che più conta, abbiamo ottimizzato la produzione e azzerato gli sprechi». Così, tre volte al giorno, 180.000 vasetti, scatole, confezioni di acciughe, alici, tonno sono pronti per partire verso i supermercati di tutta Italia.

Veroni

La mortadella (da Guinness) la assaggia il robot

È uomo da Guinness dei primati, Francesco Veroni. Dal 1996 detiene il record della mortadella più grande del mondo: un "mostro" da 2.680 chili, lungo oltre 7 metri. «Non sapevamo nemmeno dove metterla, tanto era esagerata». Non è un caso. Veroni, presidente dell'omonimo salumificio di Correggio (provincia di Reggio Emilia), non nasconde affatto la sua storia. Anzi, ne va fiero: «La mortadella è la mia vita». In catalogo ne ha una trentina di varietà, diverse per qualità e pezzatura. Comprese le giganti, da 80 a 150 chili, le supergiganti, fino a 320 chili, e appunto le guinness, minimo 900 chili («Ne produciamo un paio alla settimana, destinate a supermercati e ipermercati»). Per non parlare di La tua Veroni, il "modello" di punta, fascia altissima del mercato. Un prodotto che utilizza la spalla del maiale per la parte magra e il guanciale per la lardellatura, carni esclusivamente italiane (con tanto di tracciabilità in grado di risalire al macello e all'allevamento), niente glutine né polifosfati, e in aggiunta solo sale rosa dell'Himalaya. Pesi da 7,5 a 17 chili e diametri da 22 a 24 centimetri, «quelli ottimali, che offrono il gusto migliore». Vezzo della casa: ogni fetta è firmata con due V nel centro, in un rosa più scuro.

Pure questa è innovazione. Con la ricerca dell'eccellenza nella materia prima, gli studi organolettici, il miglioramento dei processi (specialmente per garantire uniforme qualità alla produzione), persino la mortadella, un po' decaduta nei gusti dei consumatori qualche anno fa in quanto considerata cibo povero e per poveri, è tornata di moda.

Nelle migliori gastronomie di Parigi è ormai un'abitudine organizzare assaggi a base di mortadella e champagne.

Per Veroni è il frutto di una storia che parte nel 1925, quando nonno Angelo fonda l'azienda. Giunto alla quarta generazione (sono già operativi Stefano, vicepresidente, e i figli di Francesco, Guido e Marco, mentre della terza generazione sono in azienda anche Pierpaolo e Angelo), il salumificio Veroni oggi fattura 110 milioni, l'8% dei quali sull'export europeo, costantemente in crescita. I 320 addetti sono ripartiti su 7 stabilimenti, tutti rigorosamente in Emilia, specializzati per linee di prodotto. La rete di vendita è costituita da 200 agenti, di cui 35 all'estero. Gli sbocchi finali sono divisi al 50% tra commercio al dettaglio e grande distribuzione (le maggiori catene). La mortadella, benché sia l'autentico cavallo di battaglia (e Francesco Veroni ha una lunga militanza in qualità di numero uno del Consorzio Mortadella Bologna), rappresenta il terzo prodotto per ricavi, dietro ai prosciutti cotti e crudi stagionati.

Resta il fatto che la Veroni è costantemente cresciuta. Non ha nemmeno risentito più di tanto della Grande Crisi: «Il fatturato è salito anche nel 2009, mentre il 2010 si è chiuso con un più 4%». Il segreto? La razionalizzazione dei processi e gli investimenti in tecnologia, compresa l'ICT. «Siamo stati tra i primi a scommettere sulle potenzialità del distretto», racconta il presidente. «Al punto che nel 1972 abbiamo smesso di macellare direttamente e ci siamo rivolti a imprese specializzate. Da allora compriamo tagli di carne e ci dedichiamo esclusivamente alla preparazione dei salumi in senso stretto. L'altro salto di qualità è avvenuto a metà anni Novanta, con l'introduzione di processi fortemente automatizzati. Il risultato è che i nostri prodotti nascono, è ovvio, da maiali diversi, ma sono rigorosamente uguali: la qualità percepita da chi li mangia è, e deve essere, sempre la stessa. Date retta a me, l'information technology sarà una componente molto importante per salvare l'industria italiana». Se lo dice uno da Guinness...

Ma che ci "azzecca" l'informatica con un salumificio? Francesco Veroni porta un esempio. Illuminante. «Già nel 1982», ricorda, «avevamo dotato i nostri agenti, allora erano un centinaio, la metà di quelli attuali, di un computer portatile per la raccolta degli ordini. L'input è stato preciso: basta fax e telefonate, si fa così e stop. Gente che non aveva mai visto un pc... Ci abbiamo impiegato un po', ma alla fine le cose sono andate a posto: gli ordini hanno cominciato ad approdare direttamente al nostro *mainframe* in sede, per essere subito smistati al commerciale. Quanto tempo abbiamo guadagnato? Non lo so, ma non riesco nemmeno a ricordare come potevamo fare prima, con il viavai di carta».

A proposito, la carta alla Veroni è sparita quasi completamente: «Ne sarà rimasta il 5% sul totale delle operazioni». Effetto collaterale (comunque importantissimo) dell'avvento dell'informatica. «Sulla quale abbiamo investito fin dagli anni Settanta. Prima ha coinvolto l'amministrazione. Poi ha interessato la logistica. Infine è approdata in produzione». È chiaro che quando si parla di igiene, sicurezza alimentare, salute, l'ICT gioca un ruolo decisivo. «Dal 2001», continua Veroni, «disponiamo di un percorso interamente automatizzato per la tracciabilità interna. E con la sua entrata a regime abbiamo nettamente migliorato processi e organizzazione. In sostanza, l'efficienza».

Si comincia con l'arrivo della materia prima, che viene sistemata su appositi carrelli di trasporto con un codice a barre. Questo codice accompagna costantemente l'unità di trasporto e, grazie a sensori ottici, magnetici e a sistemi di radiofrequenza, viene aggiornato durante le varie fasi di lavorazione. Quanto alle linee di produzione, oltre ai robottini che spingono i carrelli, tutto è (pre)impostato al computer: le celle frigorifere (a temperatura controllata), le macchine impastatrici, quelle insaccatrici, le stufe di cottura (per il prosciutto cotto), il raffreddamento, il confezionamento. «Si pensi alla preparazione delle ricette, che giungono ai macchinari per via informatica, o alla pesatura elettronica degli impasti. Non c'è possibilità di errore: se un dato è sbagliato, la macchina si ferma. Conclusione: il prodotto ha una qualità assolutamente uniforme, non cambia mai, non può cambiare. Per giunta è igienicamente al top. Prendiamo le confezioni sottovuoto: viene garantita, in misura precisissima, la stessa presenza di ossigeno e azoto».

Il tutto, naturalmente, ha comportato massicci investimenti anche nell'hardware. A Correggio si trova la sala server che dialoga, attraverso un sistema in radiofrequenza, con i terminali collocati negli altri sei stabilimenti: «Abbiamo dovuto studiare attentamente l'installazione e l'altezza delle antenne», sottolinea Veroni, «in modo da garantire collegamenti migliori e, soprattutto, continui». Sempre qui, dal quartier generale, un server apposito presiede alla gestione del grande magazzino di Gazzata di San Martino in Rio, l'ultimo e più prezioso gioiello di famiglia. Inaugurato nei primi mesi del 2010, quasi 6.000 metri quadrati e 5.000 posti pallet, è destinato a raccogliere tutti i prodotti provenienti dalle varie fabbriche e quindi a smistarli alla destinazione finale.

L'organizzazione è basata sul criterio FIFO (*first in, first out*, primo a entrare, primo a uscire). Ma la principale caratteristica del nuovo magazzino è la completa automazione. Spiega Veroni: «Al momento dell'uscita, tre robot prelevano la merce dal pallet giusto e la depositano direttamente alle macchine pesatrici. Dopodiché vengono caricati i camion e i furgoni. Quando invece i prodotti entrano, gli stessi robot identificano qualità, quantità e li depositano nel posto più vicino». Il bello avviene di notte. Dopo avere sistemato la merce in arrivo in base alla vicinanza, in modo da risparmiare tempo per le procedure di scarico, quando la fabbrica smobilita i robot tornano al lavoro per modificare la collocazione in funzione delle spedizioni del giorno dopo, così da ottimizzare, stavolta, i tempi di carico.

Non è fantastico? Un magazzino vivo, intelligente, dove l'intervento umano è azzerato: «Gli addetti ormai sono pochissimi e si limitano a controllare che non ci siano "incidenti di percorso"». I vantaggi concreti? «Abbiamo risparmiato almeno il 30% nei tempi di operatività. Senza contare i miglioramenti nella puntualità e nella precisione delle consegne». Insomma, massima rapidità e nessun errore. Per un'azienda che invia verso negozi e supermercati 160.000 quintali di salumi all'anno e che effettua 3.000 spedizioni alla settimana, non è uno scherzo. Quanto al consumatore, beh, può stare tranquillo: la mortadella Veroni è sempre fresca.

Tessile: il distretto del Biellese e della Valsesia

I vecchi telai alla cura digitale

Gli addetti ai lavori la chiamano la strategia delle tre V. Velocità: bisogna essere abili, pronti, ben organizzati, per rispondere più rapidamente possibile alla domanda. Se questa poi pretende qualcosa su misura, occorre anche essere flessibili e capaci di personalizzare i prodotti. Vicinanza: va bene il caro vecchio export, ma se tra i tuoi clienti ci sono i maggiori stilisti, è necessario mettersi a loro disposizione. E se si vuole aggredire lo sconfinato mercato cinese è meglio operare direttamente a Pechino e dintorni. Valore: il prerequisito, alzare la qualità, posizionarsi nella fascia alta del business, sfruttare grazie all'eccellenza le enormi potenzialità del made in Italy.

È da qui, dalle tre V, che parte la riscossa del tessile tricolore. Fortemente esposto alla concorrenza dei paesi emergenti, in cui il costo del lavoro è 4-5 volte inferiore rispetto all'Italia. Ma ancora vivo. Anzi, più vivo che mai.

Nel suo insieme, il tessile-abbigliamento-moda rappresenta la terza voce del nostro PIL: 50 miliardi di fatturato, metà dei quali sui mercati internazionali, oltre 54.000 imprese, 480.000 addetti. Un'incidenza del 12% sul totale degli occupati nell'industria: per fare un confronto, in Inghilterra ci si ferma al 5%, in Francia al 4, in Germania al 3. Dopo la botta del 2009, con i ricavi diminuiti del 16%, i segnali di ripresa ci sono tutti. E inducono all'ottimismo. La ragione è semplice: nel 2010 è stato proprio il comparto tessile in senso stretto, prima ancora che il fashion, a guidare la risalita: 7,5 miliardi di fatturato, più 11,8% sull'anno precedente; esportazioni cresciute dell'11,6 e corrispondenti ormai al 56% del venduto; saldo commerciale attivo per 2,4 miliardi.

Una fetta centrale della storia industriale italiana ha avuto un improvviso quanto straordinario scatto di orgoglio. A dispetto persino dell'aumento delle materie prime, fortissimo specie nelle fibre nobili, cashmere in testa. Merito del ritorno alla focalizzazione sul prodotto e dell'attenzione con cui sono stati razionalizzati e migliorati i processi. «È come se noi imprenditori», sintetizza Michele Tronconi, presidente di Sistema Moda Italia, «ci fossimo stufati di parlare solo di crisi, chiudendoci a riccio. Abbiamo ricominciato a investire, che è sempre un atto di coraggio. Il settore ha dovuto accettare, suo malgrado, una cura dimagrante senza precedenti. Ma il bello delle diete è che consentono di ripartire più scattanti di prima».

Vero. Nel Biellese, a Carpi, a Prato e nelle altre roccaforti del tessile non sono rimasti con le mani in mano. Hanno schiacciato nuovamente l'acceleratore sul versante dell'innovazione di prodotto: basti pensare ai filati misti che uniscono lane pregiate e fibre sintetiche, oppure al boom dei capi specialistici, per esempio i *waterproof*, resistenti all'acqua. Sono state cercate le più svariate forme di diversificazione finale: dall'arredo casa all'automotive (i rivestimenti interni delle vetture), fino alla nautica. Inoltre sono stati fatti grandi sacrifici nell'innovazione di processo, con l'acquisto e la messa in opera di impianti d'avanguardia là dove un tempo giravano gli enormi telai per le lavorazioni a mano, così da generare risparmi nei costi e maggiore efficienza. Ma soprattutto sono state introdotte nell'organizzazione aziendale dosi massicce di tecnologie informatiche. Per ottimizzare la gestione dei fornitori e degli ordini, per il controllo qualità, la movimentazione dei magazzini e così via. In poche parole per rispondere alle esigenze imposte dalle famose tre V.

Il risultato è che la maggior parte delle gloriose imprese tessili italiane, molte delle quali con una storia ultracentenaria, hanno smesso di guardare al passato e hanno posto le basi per progettare il futuro. Un futuro dove l'alta capacità artigianale si mescola all'hi-tech. Con l'obiettivo di sfidare il (nuovo) mondo.

Quando tradizione fa rima con innovazione

Il distretto tessile-laniero di Biella è l'emblema del Rinascimento del terzo millennio. Dato per spacciato più volte e più volte rinato dalle proprie ceneri, oggi può mostrare dati migliori di quelli medi nazionali del settore. In particolare, vola l'export: più 20% nel 2010. Nello stesso tempo è a ottimo punto un radicale riposizionamento strategico. Un dato per tutti: il mercato cinese pesa ormai per il 30-40% sui ricavi delle principali aziende della zona.

Il know-how, d'altronde, non è acqua fresca. Da queste parti l'attività tessile risale addirittura all'epoca pre-romana ed è costantemente cresciuta, tanto da avere bisogno, nel corso del Medioevo, di una serie di statuti regolatori. Testimonianze della eccezionale capacità nel campo specifico della lavorazione della lana risalgono al 1600. Nella prima metà dell'Ottocento la manifattura laniera biellese, già intensamente sviluppata, diviene industria con l'introduzione delle macchine e la costruzione di numerosi opifici lungo le rive di fiumi e torrenti, così da sfruttarne l'acqua come forza motrice. Da allora si sono affermati processi produttivi estremamente sofisticati, con attenzione speciale alle fibre nobili (cashmere, cammello, vicuña, guanaco eccetera). Contemporaneamente si è creato sul territorio un vero sistema di filiera, che trova il suo punto di forza in centinaia di realtà operanti nel comparto meccano-tessile, in grado di realizzare attrezzature *ad hoc* per ogni tipo di lavorazione e specializzazione: macchine per filatura, per tintoria e finissaggio, sistemi di automazione e di controllo dei processi produttivi, impianti di confezionamento.

Attualmente il distretto conta un migliaio di imprese, con 13.000 addetti. La quota export si avvicina al 50%. Tra i maggiori mercati di sbocco compaiono, oltre ai paesi dell'Unione europea, Russia, Stati Uniti e Giappone. E appunto la Cina, sogno non più proibito. Pochi (pur prestigiosissimi) i grandi gruppi. Il 90% delle imprese è di modeste dimensioni. Anche qui, comunque, il vento sta cambiando. Per cominciare, la crisi ha imposto strategie di aggregazione finora sconosciute: l'unione fa la forza, disporre di massa critica nelle pratiche di acquisto della materia prima e nei piani di conquista dei mercati internazionali appare come una necessità. Molte imprese che operavano esclusivamente conto terzi, poi, hanno deciso (o stanno decidendo) di lanciare un marchio proprio: la politica di brand è l'unica vincente se si vuole cavalcare il "valore reputazionale" del made in Italy.

O si fa la rivoluzione (informatica) o si muore

È in questo scenario che si inserisce la rivoluzione dell'information technology. Le file sterminate di telai con i dipendenti (in prevalenza donne) affiancati a intrecciare i fili sono un ricordo del passato. I computer preimpostano l'attività delle macchine: finezza del tessuto, tipo di lavorazione, quantitativi giornalieri da produrre. E seguono passo passo le varie fasi fino alla colorazione (altro campo in cui l'hi-tech la fa da padrona, sia sul fronte dei *mélange* realizzabili sia sul versante del rispetto dell'ambiente) e al finissaggio. La componente manuale mantiene pur sempre una sua importanza nel settore. Ma l'automazione è entrata prepotentemente nelle fabbriche e non solo per abbattere i costi: consente riduzione nei tempi, costanza nella qualità, flessibilità nella capacità di soddisfare lotti di ordini enormi o piccolissimi.

Non basta. L'ICT sta trasformando radicalmente l'intera organizzazione aziendale. I nuovi tessuti, persino la maglieria intima, nascono ormai davanti al pc, su programmi tridimensionali. Avete presente il campionario? Tra pochi anni ce ne dimenticheremo. Le collezioni verranno presentate agli stilisti sugli schermi ad alta definizione, dove si potranno effettuare confronti, cambiare i colori, adattare gli accessori. In questo modo si accorcia la distanza tra ideazione e produzione, le proposte si moltiplicano all'infinito. E a ogni stagione è possibile cambiare l'intera gamma di offerte.

Altri aspetti fondamentali: la gestione degli ordini a monte e della logistica a valle. Se gli agenti sono dotati di palmare e con questo possono collegarsi direttamente con il quartier generale (direzione commerciale in testa), a ogni ora del giorno e della notte, anche solo per verificare la disponibilità in casa della materia prima, si guadagna almeno una settimana. Quanto alla logistica, se i magazzini sono interamente informatizzati e dotati di sistemi wi-fi, è evidente che si ottimizzano i tempi in entrata e in uscita delle merci. Il tempo è denaro. Ma ancora una volta non è questione di risparmi. Piuttosto di efficienza, di prontezza di riflessi di fronte alle esigenze del mercato.

Insomma, l'ICT è l'arma del contrattacco. L'Italia vuole continuare a fare il filo al mondo.

Lanificio Colombo

L'informatica rende il cashmere più bello

È possibile, in un settore maturo come il tessile, coniugare quantità e qualità? E continuare a innovare? E crescere in nuovi segmenti di business e sui mercati internazionali, a dispetto della crisi e della competizione globale? Roberto Colombo, amministratore delegato del Lanificio Colombo di Borgosesia (provincia di Vercelli), è convinto di sì. Lui ci sta provando molto seriamente. «Con la ricerca, gli investimenti in macchinari, l'alta tecnologia, ICT compresa». Il tutto non per standardizzare il prodotto. Al contrario, per aumentarne il valore aggiunto, attraverso la cura quasi maniacale dei dettagli. Con l'obiettivo di essere sempre un passo avanti rispetto alla concorrenza. Il risultato è un'azienda fortemente automatizzata e nello stesso tempo tradizionale. Dove anche il neoassunto è portatore di altissime conoscenze della materia prima e delle lavorazioni, frutto di un know-how sedimentato da secoli nel territorio, ma nello stesso tempo si muove con gli occhi proiettati verso il futuro.

Il Lanificio Colombo, fondato una cinquantina di anni fa da papà Luigi, è il maggiore tessitore mondiale di fibre nobili. Produce 300 tonnellate all'anno di cashmere e 200 tonnellate tra lane di cammello, vicuña e guanaco. Ha 300 dipendenti e fattura 60 milioni, il 70% sui mercati internazionali (dagli Stati Uniti alla Cina, oltre che in Europa). Può contare su una rete di vendita di 10 negozi diretti (ultimo lo showroom a Milano, nel quadrilatero della moda, inaugurato nel settembre 2009) e 250 distributori sparsi nel mondo. Negli anni Ottanta ha aggiunto una seconda area di business, dedicata al prodotto finito, venduto con il proprio marchio (con uno stabilimento *ad hoc* nella vicina Ghemme, in provincia di Novara). Dalla tessitura, tuttavia, continua a provenire il 70% dei ricavi.

È dunque un'impresa di grandi quantitativi. Eppure la caratteristica vincente dal Lanificio Colombo è un'altra: la capacità di sfornare una gamma di tessuti incredibile: una quarantina di materie prime trattate, 200 tipologie di filato di qualsiasi finezza, più l'intera varietà di colori, per un totale di 3.000 prodotti. E questo solo per la parte tessile, senza contare i capi finiti. In parallelo, non ha mai rinunciato a fare innovazione. «Per esempio», spiega Roberto Colombo, «abbiamo studiato l'unione del cashmere e di altre lane con fibre di pelliccia pregiata: visone, ermellino, cincillà. Grazie a una specifica lavorazione, otteniamo un unico filo e un mix uniforme. In questo modo i tessuti assumono una morbidezza straordinaria al tatto e un effetto tridimensionale alla vista».

Tutto vero, tutto giusto. Ma in un segmento di mercato tanto particolare, che cosa fa realmente la differenza? In primo luogo i macchinari («ingegnerizzati da noi»), capaci di lavorare filati finissimi, anche di un decimo di millimetro. La tintoria, con colori naturali e processi ad acqua, quindi non inquinanti. In sintesi, le tecnologie produttive. «Poi c'è la cosa più importante: il finissaggio». Colombo non ha dubbi. E comincia a inanellare termini noti solo agli esperti: la follatura, la garzatura, il guarnissaggio, eccetera eccetera. Procedure delicatissime: «Il tessuto viene sottoposto a decine di passaggi, a vapore e a secco. E può rimanere in finissaggio anche 45 giorni senza fermarsi, procedendo da una lavorazione all'altra». Per rendere l'idea, durante la cosiddetta garzatura le lane vengono pettinate e ammorbidite passando attraverso rulli che montano filari di cardi naturali provenienti dal Portogallo. Il finissaggio è appunto la parte conclusiva del processo produttivo. «Il nostro punto di forza. Dove siamo sicuramente all'avanguardia», si inorgoglisce Colombo.

È il famoso valore aggiunto. Che consente al Lanificio Colombo di essere fornitore di tutte le case di moda, italiane e internazionali: da Armani a Prada, da Hermès a Christian Dior. «Facciamo grandi volumi, ma evidentemente anche qualità», sostiene Colombo. «E questo perché, con l'avanzata delle tecnologie, non abbiamo perso le conoscenze artigianali. L'esperienza dell'uomo è ancora centrale. L'operatore degli impianti deve interpretare i tessuti e adottare i correttivi che di volta in volta si rendono necessari. Lavorare la lana a gennaio o a luglio, giusto per rendere l'idea, non è la stessa cosa».

Fin qui la fabbrica, i processi. La vera chiave del successo, in ogni caso, rimane a monte, nella qualità della materia prima. «Se ne occupa da sempre mio fratello Giancarlo, perennemente in giro per il mondo», racconta Roberto. «Siamo stati i primi, più di vent'anni fa, ad acquistare direttamente in Cina e Mongolia, a frequentare i centri di raccolta della lana sperduti tra le montagne per scegliere la lana migliore. Stesso discorso in Argentina e Cile per quanto riguarda l'alpaca e la vicuña. In totale abbiamo selezionato un'ottantina di centri di raccolta. Sono i nostri fornitori privilegiati».

Quando la materia prima arriva a Borgosesia, passa dal laboratorio di analisi aziendale, che ne studia la qualità e la purezza. Una sorta di certificazione di idoneità, prima di iniziare qualsiasi lavorazione. Nello stesso tempo, un modo per verificare il rispetto degli accordi presi e dei contratti sottoscritti.

Altro snodo nevralgico del Lanificio Colombo è il centro ricerche. Vi lavorano 15 persone. Metà sono designer che al computer, con programmi CAD, creano i tessuti e le collezioni di prodotti finiti, maglioni, cappotti, giacche e così via, operando a stretto contatto con il marketing che individua tendenze e nuove mode. L'altra metà è costituita da ingegneri e tecnici meccanici e chimici che hanno il compito di industrializzare le idee che saltano fuori.

In questo scenario, tra macchinari ultramoderni, know-how acquisito nei decenni e ricerca (scientifica) dei migliori filati, si inserisce la rivoluzione dell'information technology. «Controllo qualità significa tracciabilità. Tracciabilità vuole dire controllo qualità». Invertendo l'ordine dei fattori il risultato non cambia. In un'azienda tessile di alta gamma è indispensabile poter risalire all'origine della materia prima e seguire costantemente gli stati di avanzamento. Colombo sorride: «Ricordo di avere introdotto io, nei primi anni Ottanta, una forma di IT... a mano... Comprai enormi libroni e imposi ai capireparto di mettere la firma al termine di ogni fase. A ripensarci, era una cosa da matti. Ma almeno avevamo un minimo di controllo sui processi. Oggi viaggiamo a matricole, con un codice a barre che parte dai centri di raccolta della lana in giro per il mondo e accompagna ogni partita durante la lavorazione. Tutte le macchine sono collegate al sistema. Facciamo un clic sul computer e sappiamo giorno per giorno, ora per ora, a che punto è qualsiasi unità di prodotto, come la chiamiamo noi».

Il Lanificio Colombo, però, guarda avanti. In cantiere c'è un ambizioso progetto per le vendite online: «Usciremo con la collezione autunno-inverno 2011-2012. All'inizio offriremo solamente accessori. In seguito si vedrà». Le prospettive appaiono incoraggianti. Roberto porta un piccolo studio: «Benché i nostri siano prodotti di charme e pure costosi, che la clientela vuole toccare e il più delle volte provare, abbiamo verificato che il 20% di chi entra nel nostro sito è potenzialmente interessato all'acquisto. Perché non sfruttare questa opportunità?». Giusto. Così, mentre si stanno affrontando i problemi logistici (specialmente quelli legati alla distribuzione rapida dei prodotti), è stato deciso di ristrutturare completamente il sito web per renderlo più accattivante e *user friendly*. Contemporaneamente è stata rivista l'architettura hardware, potenziata con l'arrivo di un nuovo server da dedicare esclusivamente all'e-commerce.

L'amministratore delegato, infine, ha un sogno. «Noi sappiamo perfettamente che cosa vendiamo e dove, e conosciamo molto bene il mercato. Ma sarebbe bello potere contare su un programma software con tutte le variabili statistiche: gli andamenti paese per paese, i margini su ogni singolo prodotto, le preferenze di modelli e di colori dei consumatori. Un insieme di dati comparativi su cui riflettere per elaborare le strategie». Una sorta di pilota automatico che indichi la rotta da seguire. «Fermo restando che alla fine decidiamo noi».

Liabel

La maglietta che nasce a tavolino. Pardon, a computer

C'era una volta il settore della maglieria. Oggi guai a chiamarlo così: al massimo si parla di intimo. Nell'ultimo decennio si è scatenata un'autentica rivoluzione, sia sul versante strettamente di prodotto sia a livello distributivo. Sono arrivate le grandi catene, tipo Intimissimi, Tezenis e Yamamay, che hanno riempito le città con i loro negozi in franchising (e che crescono in misura esponenziale: dalle catene passa ormai un quinto dei consumi totali). Quanto ai capi, è stato il boom dei modelli giovanili, con un rinnovo continuo (6-8 collezioni all'anno), oltretutto venduti a prezzi estremamente convenienti. Addio cara, vecchia merceria. E vita durissima anche per un'azienda con il marchio forte e una tradizione di 160 anni come la Liabel di Biella.

Hai voglia ad ampliare l'offerta, aggiungendo alle t-shirt e alla slipperia la corsetteria da donna, la pigiameria, il segmento bambini. Non basta nemmeno fare innovazione. La Liabel, per esempio, negli anni Ottanta ha inventato (e brevettato) la maglia bifronte, con l'interno di cotone anti-irritazione e l'esterno di lana anti-freddo. Un successo mai tramontato. Anzi, un prodotto che sta ritornando di moda in funzione tempo libero, sport e montagna. In epoca più recente, inoltre, si è lanciata sul cosiddetto intimo esternabile, utilizzando cotone elasticizzato e microfibra, linee proposte in 25 colori diversi. Benissimo. «Ma bisognava fare di più» dice Marcello Laurenzio, l'amministratore delegato. «Era necessario rivedere l'intera organizzazione aziendale. Con un "filo conduttore": gli investimenti in information technology».

La Liabel ha 109 dipendenti e fattura 40 milioni. Cui se ne aggiungono 15 sotto forma di royalty per la concessione di 29 licenze a imprese esterne che realizzano con il suo marchio tovaglie, tessuti per la casa, costumi, calze e altri prodotti non compresi nel *core business*. Dall'agosto 2001 l'azienda è stata rilevata dal colosso francese Eminence, ma continua a godere di completa autonomia operativa. A causa del controllo estero, pertanto, le vendite si concentrano per il 95% in Italia.

E allora? Quali sono state le contromisure, davanti all'esplosione della Grande Crisi e all'avanzata della concorrenza? Per prima cosa, anche la Liabel ha rivisto il modello distributivo. Dal 2006 sono stati aperti 20 Liabel Point, negozi a gestione diretta. «E altri 50 ne inaugureremo nei prossimi cinque anni», assicura Laurenzio, «senza per questo trascurare la grande distribuzione, dove siamo presenti da sempre, né il canale dei grossisti». Sul versante produttivo, invece, l'azienda si serve di terzisti («tutti in Europa, si badi»). A Biella rimangono le fasi strategiche: l'ideazione dei modelli, l'acquisto dei filati, la stampa e la tinteggiatura dei tessuti, la logistica e la spedizione dei prodotti finiti.

Ecco dunque la seconda novità: l'introduzione dell'ICT e il suo ruolo sempre più decisivo. A cominciare proprio dalla creazione dei prodotti, processo che oggi si svolge interamente a computer. Cinque fashion designer lavorano davanti al pc con Photoshop, Illustrator e vari programmi CAD: «Fino a pochi anni fa si impiegavano quattro mesi per preparare una collezione. Adesso sono sufficienti 15 giorni per disegnare 200 modelli e 2.500 "referenze" a stagione». D'intesa con l'ufficio design operano poi quattro tecnici addetti allo sviluppo prodotto, che hanno il compito di industrializzare le idee. E tre specialisti della prototipazione.

I numeri degli addetti sono molto distanti. La complessità tecnologica è diversissima. Ma in fondo non c'è molta differenza: una maglietta nasce come un prodotto di alta meccanica o di elettronica. A tavolino. Pardon, a computer. Con disegni, calcoli, prove virtuali. D'altronde, come sottolinea Laurenzio, «gli investimenti ormai sono tutti in informatica. L'ICT è l'unica risposta possibile di fronte alle difficoltà del settore». Già, è il solo strumento capace di tenere sotto controllo il sistema dei costi e contemporaneamente di creare efficienza. Tanto più per un'impresa come la Liabel che, a parte il disegno delle collezioni, ha necessità di gestire la doppia rete, dei produttori-fornitori e dei distributori (nel triplo canale del commercio al minuto, della grande distribuzione e dell'ingrosso). Insomma, da queste parti la logistica è fondamentale.

Un efficace ERP aziendale consente di controllare in tempo reale gli acquisti, il rientro delle commesse dai subfornitori, lo smistamento degli ordini. A monte la Liabel dispone di un magazzino completamente automatizzato, con un sistema di ricerca in radiofrequenza. Mentre a valle i 59 agenti, con competenze legate tanto alle aree geografiche quanto ai diversi canali distributivi, sono tutti dotati di miniterminali che dialogano con il quartier generale di Biella. Attraverso il palmare, gli agenti sono in grado di stendere l'ordine davanti al cliente, ovunque si trovi. Ordine che viene lanciato direttamente alla direzione commerciale. «In questo modo abbiamo guadagnato 10-15 giorni sui tempi della messa in produzione e di conseguenza sulle consegne».

Attualmente l'azienda può contare su una cinquantina di workstation. Mentre per quanto riguarda i server, a disposizione ne figurano otto. I principali sono dedicati alla posta elettronica, alla gestione dati, alla logistica (magazzino). Uno è riservato all'acquisizione degli ordini provenienti dalla rete di agenti. Un altro, appena acquistato, verrà utilizzato per il PLM (Product Lifecycle Management). Un programma che partirà il prossimo anno. Verranno messe su sistema tutte le variabili utili per preparare le collezioni, cioè uno per uno i fattori di costo, dai prezzi dei filati a quelli di distribuzione. Obiettivo: prevedere in anticipo il costo finale di ogni singolo prodotto e i potenziali margini. «Uno strumento di programmazione indispensabile», taglia corto Laurenzio.

L'amministratore delegato ha un altro punto di orgoglio: aver varato, fin dal 2006, un progetto per l'e-commerce: «Nel tessile-abbigliamento siamo stati tra i primi a partire». I numeri sono imparagonabili con il resto d'Europa: «In Francia imprese come la nostra hanno 9 milioni di contatti a weekend». Laurenzio, comunque, si mostra più che soddisfatto: «Perché l'impegno sul web contribuisce alla notorietà, anche internazionale, del marchio. Inoltre, decidere di cominciare a vendere online è stato coerente con il nostro tradizionale impegno verso i consumatori e con la nostra voglia di essere presenti su tutti i canali distributivi, compresi quelli nuovi».

E attenzione: si sta parlando di t-shirt, magliette, slip, pigiami. Prodotti che la gente preferisce vedere e toccare, in molti casi che vuole pure provare. «Noi ribadiamo a caratteri cubitali che l'acquisto sbagliato può tranquillamente essere reso e sostituito, ma la verità è che ci scontriamo con un'ulteriore dose di scetticismo».

Per la fase di avvio ci si è affidati a una società esterna specializzata: «Bisognava superare i problemi derivanti dai piccoli pagamenti, spesso addirittura sotto i 10 euro, con i quali non abbiamo dimestichezza. E risolvere le difficoltà logistiche legate alla consegna della merce entro 48 ore dall'ordine in tutta Italia. Per il resto, la gestione è completamente nostra». Prima mossa, la creazione di un secondo magazzino prodotti a Milano, che viene rinforzato ogni mattina. «Controlliamo gli ordini e i movimenti della merce per via informatica. Ci muoviamo con un sistema di codici per i vari prodotti e stabiliamo gli approvvigionamenti con il classico metodo delle scorte minime e massime». Conclusione: l'azienda biellese rende disponibile sul web il 70% del catalogo. Non uno scherzo: qualcosa come 20.000 referenze, che significano articoli, modelli, colori e taglie.

Resta la domanda chiave: l'e-commerce rende? Laurenzio accenna a qualche centinaio di migliaia di euro. Poco su 40 milioni di ricavi. «Ma non è questo il punto. La cosa più importante è che le vendite online aumentano al ritmo del 25-30% all'anno». In un mercato a crescita zero è tantissimo. Il futuro è di chi se lo sa conquistare.

Zegna Baruffa Lane Borgosesia
La lana del Duemila la fila l'ICT

Una storia di 160 anni, più dell'Unità d'Italia. Anzi, una storia che si intreccia con quella dell'Unità d'Italia, con la nascita della nazione. Alessandro Antongini, fondatore delle Lane Borgosesia, firmò una cambiale di 510.000 lire (cifra enorme a quei tempi) per garantire a Giuseppe Garibaldi il noleggio delle navi destinate a portare i Mille da Quarto a Marsala. Ma siccome la storia siamo noi, la Zegna Baruffa Lane Borgosesia è ancora lì, più viva che mai. A progettare il futuro.

Domanda: come fa un lanificio ubicato sotto le montagne del Biellese e della Valsesia, dove molte gloriose imprese sono state costrette ad alzare bandiera bianca di fronte all'incalzare della concorrenza dei paesi emergenti (e soprattutto della Cina), non solo a sopravvivere, ma addirittura a rafforzarsi? Risposta: con una strategia di aggregazione, unendo le forze, le competenze, i mercati di aziende un tempo concorrenti. E investendo in tecnologia per ottimizzare i processi. Il tutto con un unico, preciso, obiettivo: rimanere competitivi.

Un percorso che prende avvio nel 1974, quando la più piccola Zegna Baruffa rileva la parte di filatura della più grande Lane Borgosesia. Operazione che consente, nei primi anni Novanta, una forte internazionalizzazione, in particolare lo sbarco sul mercato americano e su quello giapponese. A cavallo tra 2008 e 2009, l'acquisizione di un altro lanificio, la Bottò Poala. Non passano dodici mesi ed è la volta della Filatura di Chiavazza. Oggi la Zegna Baruffa Lane Borgosesia ha 126 milioni di fatturato (con la previsione di crescere a 150 nel

2011), realizzati esattamente a metà in Italia e all'estero. I dipendenti sono 1.043, divisi in 4 stabilimenti tra le province di Biella e Vercelli (Vigliano, Vallemosso, Borgosesia e Lessona). La produzione è di 5,5 milioni di chili di filo.

«Sul fronte societario», spiega l'amministratore delegato Paolo Todisco, «abbiamo allargato e rafforzato la compagine azionaria, per non parlare della ricapitalizzazione e quindi dell'aumento delle risorse finanziarie disponibili. Riguardo invece all'offerta di prodotti, è diventata senz'altro più completa, visto che possiamo affiancare ai filati pettinati quelli cordati. Inoltre ci stiamo riposizionando sulla fascia alta del mercato. I nostri clienti privilegiati non sono più i maglifici che servono le grandi catene commerciali, ma le griffe del fashion». D'altronde la Zegna Baruffa Lane Borgosesia attualmente è in grado di spaziare dalla pura lana al cashmere, alle sete, ai misti. Un totale di 110 tipi di filo in campionario, declinabili in oltre 2.000 miscele di colore. «Senza contare il valore aggiunto della flessibilità: riusciamo a soddisfare ordini che vanno da 1 chilo, il minimo richiesto dalle case di moda per presentare un paio di maglioni, a 7.000 chili, i megastock richiesti dai clienti del Far East».

Todisco sorride: «La verità è che abbiamo lavorato come i matti per razionalizzare i prodotti e i processi, uniformare gli impianti, integrare i sistemi informatici. Ora siamo pronti per partire all'attacco». L'amministratore delegato inizia a raccontare: «Abbiamo cominciato proprio dall'analisi di prodotto. Al termine di tutte queste operazioni societarie di acquisizione ci siamo ritrovati con 180 tipi di filo, fra cui almeno 70 duplicazioni. Che abbiamo eliminato dopo un attento esame qualitativo, di tecnologie disponibili, di posizionamento sul mercato. Idem per le reti commerciali, che naturalmente erano separate e che abbiamo unificato. Per chiudere il cerchio abbiamo completamente ridisegnato i sistemi informatici, acquistando tra l'altro quattro server nuovi di zecca. Era necessario fare girare gli impianti sulla stessa piattaforma. E non solo: c'erano evidenti problemi sul versante del rapporto con i fornitori, dell'acquisizione degli ordini, dell'amministrazione. Problemi risolti a fine 2010, quando, finalmente, è entrato a regime il gestionale unico».

Adesso i quattro stabilimenti della Zegna Baruffa Lane Borgosesia sono concentrati ognuno su una precisa vocazione produttiva (la pura lana, il cashmere, i filati cordati, i misti). Ma ciò che li unisce è l'altissimo livello di automazione. Tutto è programmato a livello informatico, dal controllo qualità (tre laboratori che operano a campione sulla merce sia in entrata sia in uscita) al magazzino materie prime, dotato di terminali wi-fi, che muove ogni giorno 25.000 chili di filo. «Quanto alla produzione», continua Todisco, «possiamo contare su macchinari fortemente innovativi, in molti casi ingegnerizzati da noi. Per esempio, il grande filatoio ad anello, un *ring* capace di lavorare 60.000 metri lineari di filo: le caratteristiche volute – finezza, resistenza ecc. – vengono impostate al computer e lo stesso computer ne garantisce l'assoluto rispetto. Oppure la linea per realizzare i *mélange* di colore direttamente sui top di lana, cioè prima che il filato venga lavorato. Per il futuro, poi, intendiamo puntare sull'ibridazione delle tecnologie: forti del nostro know-how sulle fibre naturali, potenzieremo l'offerta nei filati misti, a partire da quelli con il nylon».

Tutto ciò, si può facilmente immaginare, ha comportato massicci investimenti: 700.000 euro in un anno, tra 2009 e 2010, solo per ridisegnare completamente l'architettura hardware. «Una priorità», assicura Todisco, «per creare un'organizzazione efficiente al termine della stagione di aggregazioni e fusioni». Botto Poala e Filatura di Chiavazza, le ultime aziende entrate nel gruppo, disponevano di propri sistemi tanto sul versante gestionale (acquisizione delle commesse, contabilità, direzione del personale) quanto sul fronte squisitamente produttivo (controllo dei macchinari). Per Lane Borgosesia erano state studiate nel corso degli anni forme di integrazione informatica con Zegna Baruffa, puntando però più alla concretezza operativa che all'innovazione strategica. Non si poteva andare avanti così. Era l'occasione per modernizzare l'intera ICT. Dunque si è messo mano al portafogli.

Da qualche mese, nella *control room* situata nel quartier generale di Vigliano, sono in attività 5 server fisici, che diventano 50 virtualizzati. «Una scelta di razionalizzazione ed efficienza», afferma convinto Lionello Bego, responsabile dei sistemi informatici. «Ma necessaria anche per garantire continuità operativa, al di là di ogni blackout e di qualsiasi ostacolo. Noi lavoriamo sempre su tre turni, sabato compreso. Gli impianti non possono mai fermarsi. Stesso discorso per il magazzino. I nostri agenti, infine, devono connettersi 24 ore al giorno, ovunque si trovino, e inviare gli ordini al commerciale. Non solo: devono avere la possibilità di verificare immediatamente la disponibilità o meno della merce in magazzino».

Sui due server principali girano il database aziendale e il gestionale. Sugli altri tre si appoggiano i server virtuali. Questi ultimi sono dedicati alle principali funzioni: il sito internet, la posta elettronica, i sistemi di accesso, l'antispam. Ma la maggior parte è riservata alla movimentazione del magazzino e, ancor più, al funzionamento degli stabilimenti. «Ogni macchina», taglia corto Todisco, «è preimpostata e controllata al computer. E ogni computer è collegato al suo server».

Ricordate i vecchi telai? Beh, dimenticateli. La riscossa del tessile made in Italy passa per l'elettronica e l'information technology.

Piacenza Cashmere
L'hi-tech? Nel lusso non è un lusso (ma una necessità)

Avete mai sentito parlare del cashmere nanomodificato? Difficile. Eppure alla Piacenza di Pollone (provincia di Biella) non solo ci hanno pensato, ma lo hanno pure realizzato. Così la fibra nobile per eccellenza, il vello pregiato delle capre abituate a vivere a 30 gradi sotto zero sulle montagne himalayane, ha sposato l'hi-tech. Per diventare un nuovo prodotto di successo, che mantiene i requisiti di esclusività e contemporaneamente si arricchisce di diverse caratteristiche e funzioni.

Chi sostiene che nel settore tessile, e in particolare nel laniero, non si inventa niente, sbaglia della grossa. Ed è significativo che sulla strada dell'innovazione, anche molto avanzata, si spinga un nome storico come la Piacenza. Un'impresa nata niente meno che nel 1733, appartenente al ristretto club Henokiens, l'associazione internazionale delle imprese familiari bicentenarie. Alla guida della Piacenza, dopo il fondatore Francesco, sono passate 13 o 14 generazioni (persino i gradi di successione sono controversi). Oggi, a distanza di quasi due secoli, l'azienda si ritrova con 190 dipendenti, 34 milioni di fatturato e una quota export del 40%. Un dato per giunta falsato. «Perché la catena del fashion passa in larga prevalenza per l'Italia», sottolinea Fabio Foschi, l'amministratore delegato. «E noi in questa catena siamo completamente immersi. Bene, se è vero che le vendite ad Armani, Gucci e Prada, tanto per fare qualche nome, non sono tecnicamente delle esportazioni, è altrettanto vero che questi marchi sono presenti nel mondo per il 70-90%. Conclusione, la nostra forza all'estero è assai maggiore del 40% risultante a livello contabile».

In quel di Pollone si potevano accontentare di sfornare tessuti con lane di imbattibile finezza («per noi il super 210 è normale, mentre molti concorrenti si fermano al super 100»). Oppure avrebbero potuto limitarsi ai programmi di sviluppo del ramo prodotto finito, nel quale la Piacenza è entrata una ventina di anni fa e che, grazie a una crescita a doppia cifra, appare destinato a superare in tempi brevi l'area tessuti. O semplicemente potevano puntare sull'aumento del numero dei negozi monomarca («il primo è stato aperto nell'ottobre 2010 a Milano, in pieno quadrilatero della moda: il nostro programma, d'ora in avanti, ne prevede uno all'anno»), da affiancare ai 200 punti vendita sparsi in ogni continente. Invece no. La Piacenza ha voluto guardare avanti.

Per cominciare ha lanciato i tessuti accoppiati. Un misto di lane pregiate e seta. Ma anche di lane e fibre sintetiche: poliuretano, nylon, poliestere. «Il risultato», assicura Foschi, «è molto apprezzato dagli stilisti. I capi mantengono la loro morbidezza al tatto e nello stesso tempo acquistano una certa rigidità che consente di modellarli a piacimento e quindi di assumere le forme richieste». L'azienda biellese ha poi studiato una serie di tessuti *waterproof*, cioè resistenti all'acqua: «Sempre eleganti, ma più sportivi». Infine, in collaborazione con il Politecnico di Torino, è nata l'idea di sfruttare le nanotecnologie: «Abbiamo messo a punto un particolare processo di lavorazione», si entusiasma Foschi, «in cui il cashmere subisce trattamenti e modifiche nanotecnologiche. In questo modo risulta ancora più caldo e resistente, non si sciupa, diventa impermeabile».

Passaggio chiave, i recenti investimenti in macchinari ad alta tecnologia. Ma c'è di più: «Di fronte alla crisi, alla concorrenza cinese che avanza anche nei segmenti del lusso e, se non bastasse, all'impennata delle materie prime, bisognava cambiare completamente organizzazione aziendale. E inserire una massiccia dose di ICT». Foschi è stato il principale artefice di questa svolta. La famiglia Piacenza, per la prima volta dalla fondazione, ha nominato apposta un manager esterno, chiamato ad affrontare i tempi bui. E nel suo mandato c'era proprio l'introduzione di un'organizzazione più moderna ed efficiente. «Avendo alle spalle una formazione completamente diversa e parecchi anni di esperienza in colossi della chimica», spiega Foschi, «ho potuto portare una ventata di innovazione nei processi produttivi cui nessuno era abituato. Qualcosa addirittura di impensabile per un'impresa ad altissima artigianalità come la Piacenza».

Un esempio. Illuminante. «Noi oggi disegniamo i tessuti interamente sul computer, con programmi CAD. E al cliente li mostriamo su carta in alta definizione». Capito come è cambiato il famoso "campionario"? Fine degli sprechi di tessuto. Un risparmio enorme: «Fino a ieri si producevano 10 metri quadrati per ricavarne uno da presentare al potenziale acquirente». Tradotto, per le collezioni si spendevano milioni all'anno. Che si riducono a qualche migliaia di euro. Certo, è dura convincere gli stilisti, abituati ad avere il tessuto sotto gli occhi e a toccarlo con mano. «Ma noi», continua Foschi, «non possiamo occupare i macchinari per realizzare "coriandoli", oltretutto destinati al macero. Per paradosso, la crisi ha creato le condizioni per un cambiamento epocale. Grazie all'ICT siamo in grado di proporre un numero infinito di variabili. E non intacchiamo affatto la qualità. Al contrario, offriamo più creatività. Con minore spesa».

A computer, in alta definizione, è possibile elaborare qualsiasi tipo di disegno. Si può sviluppare qualsiasi idea, suggerimento, sperimentazione, anche su input degli stessi stilisti, che per un'azienda come la Piacenza rappresentano i clienti principali e privilegiati. In sostanza, non solo i protagonisti del fashion non vengono danneggiati ma si va incontro alle loro esigenze. Questione di flessibilità. Di metodo di lavoro. Il risultato è qualcosa che ha a che vedere con l'innovazione *on demand*, in versione alta moda.

E per il futuro? «L'information technology», riflette Foschi, «deve servire a gestire al meglio tutta la fabbrica, a creare maggiore efficienza, a minimizzare gli sprechi di tempo oltre che di materiale. Penso alla riduzione del peso del magazzino, senza intaccare ma magari migliorando la velocità di consegna e la qualità del servizio offerto al cliente. Oppure ai tempi di risposta al mercato. Oggi le rigidità nell'acquisizione degli ordini e nei processi di lavorazione ci impongono di mettere in casa la materia prima con almeno un anno di anticipo. L'informatica può fornirci indicazioni preziose sugli andamenti dei prezzi, sui trend di mercato sia a livello di prodotto sia sui singoli paesi. Per non parlare del controllo del conto economico. Ovviamente ci stiamo muovendo, ma preferiamo seguire la politica dei piccoli passi».

La rivoluzione è in atto. Occorre una visione strategica nuova. E ci vogliono i quattrini. La tecnologia tuttavia è lì, disponibile. Basta saperla sfruttare. Alla Piacenza attualmente sono in funzione 5 server. Sono dedicati alla gestionale aziendale, alla posta elettronica, alla condivisione dei file interni, all'accesso e alla protezione dati. Il quinto è riservato alla cosiddetta *business intelligence*. Ossia ai programmi contenenti tutti i dati chiave: venduto, costi di produzione per unità di prodotto, ordini e sconti, andamento delle varie aree geografiche.

Foschi, però, ha in testa molte idee. A partire proprio da una profonda razionalizzazione della piattaforma hardware, finora cresciuta per accumulazione, alla ricerca principalmente di maggiore potenza. C'è poi il progetto per la completa digitalizzazione dell'incredibile archivio disegni dell'azienda. «Vista la mole», allarga le braccia l'amministratore delegato, «è probabile che si renda necessario l'acquisto di un server *ad hoc*. Per noi si tratta comunque di un bene preziosissimo. Che va ulteriormente valorizzato. Per la realizzazione dei tessuti, chiaro. Ma anche sul piano culturale. Lì dentro è racchiuso un pezzo di storia industriale italiana». In prospettiva, infine, potrebbe esserci l'e-commerce. «Ci attira molto», ammette Foschi, «perché ci consentirebbe di arrivare a prezzi competitivi in mercati difficili da raggiungere, come i paesi Arabi e il Far East. Non pensiamo a un portale autonomo, ma potremmo appoggiarci a strutture esistenti. Abbiamo avuto qualche contatto preliminare. Il punto è superare le difficoltà logistiche e di distribuzione fisica dei prodotti in tempi rapidi».

Insomma, alla Piacenza sono alla ricerca della quadratura del cerchio. L'ICT applicata alla tradizione. Per fare risparmiare. Ma soprattutto per garantire altri duecento anni di crescita.

Sinterama

I robot per fare il filo ai cinesi

La classica eccezione che conferma la regola. Nel Biellese, zona di lanifici e di cotonifici, imprese dal grande passato in piena fase di ristrutturazione e rilancio, la Sinterama di Sandigliano è una mosca bianca. La ragione è semplicissima: si è sempre occupata di filati sintetici. Un segmento un tempo di nicchia e che oggi rappresenta il futuro. L'ennesima conferma del know-how del distretto. Capace di innovarsi e innovare, e soprattutto di intuire e anticipare le tendenze del settore.

«Noi, in effetti, partiamo dal polimero, cioè dalla plastica, e arriviamo al filo», spiega il presidente Paolo Piana. «Con processi che a monte assomigliano molto a quelli di un'azienda chimica, in particolare l'estrusione, e che poi diventano tipici del tessile. In più aggiungiamo la colorazione, nostro autentico punto di forza: forniamo prodotti con migliaia di sfumature di colore, a richiesta del cliente, in modo personalizzato, anche per piccoli quantitativi, e se non bastasse in tempi rapidissimi, grazie a una grande flessibilità organizzativa». Conclusione: la Sinterama, nata nel 1989 dalla fusione di due imprese concorrenti (Sinterama e Tespiana), nel 2010 ha fatturato 120 milioni, in crescita del 20% sul 2009, due terzi dei quali all'estero. I dipendenti sono 650, sparsi tra le due fabbriche italiane (Sandigliano e Treviglio, in provincia di Bergamo) e gli stabilimenti in Inghilterra, Turchia, Brasile e Cina (il più recente, inaugurato un paio di anni fa). In totale vengono realizzate 30.000 tonnellate di filo all'anno, che messe per esteso corrispondono a 2 miliardi di chilometri, 50.000 volte la circonferenza della Terra all'equatore.

Un business importante e in forte espansione, se si pensa che ormai il 60% dei filati sfornati dall'industria tessile mondiale è costituito da fibre sintetiche, in special modo da poliestere, destinate a mille applicazioni differenti: dalle camicie al cosiddetto geotessile impiegato nelle costruzioni. «Noi ci fermiamo al filo», continua Piana. «I nostri clienti, perciò, sono le imprese di tessitura. Quanto agli sbocchi finali, il 50% della nostra produzione è destinato al settore automotive, per i rivestimenti interni delle vetture, un terzo sfocia nell'arredo casa, il 10% è riservato all'abbigliamento in senso stretto. Una scelta di diversificazione e di specializzazione operata nel corso degli anni, che ci consente di essere meno esposti alla concorrenza dei paesi emergenti».

Non finisce qui. In joint venture con la thailandese Indorama Ventures PCL (un colosso da 2.300 milioni di dollari di fatturato e 3.500 addetti), la Sinterama ha acquisito di recente il controllo della tedesca Trevira, competitor tedesco con sede a Bobingen, in Baviera. Un'operazione non di poco conto, considerando che la Trevira, pur in amministrazione controllata, ha dimensioni doppie rispetto all'azienda di Biella. Adesso si tratta di integrare l'offerta e di partire alla conquista dei cinque continenti. «Fortunatamente», sostiene Piana, «gli impianti e le gamme di prodotti sono complementari. Questo significa che saremo nelle condizioni di mettere a disposizione dei clienti un più ampio ed efficace network di specialità».

Ma come si fa a sfidare i cinesi, addirittura andando a impiantare una fabbrica in casa loro? Con la qualità, ovvio. Peccato che la qualità costi: come garantirla senza finire fuori mercato, vale a dire strozzati dalla concorrenza cinese? Sembra il famoso *Comma 22*. Alla Sinterama ci hanno riflettuto sopra e hanno trovato la soluzione. La risposta è una sola: si chiama automazione. «Siamo partiti una ventina di anni fa. Era l'unico modo per non delocalizzare. Ora l'automazione industriale è diventata il nostro tratto distintivo».

Esattamente così. Entri nei reparti e vedi tutto che si muove, che gira per conto proprio. Meccanismi perfettamente oliati, come un orologio svizzero. I robot in attività sono un centinaio, uno ogni quattro addetti, naturalmente con funzioni differenti, in alcuni casi molto semplici, in altri estremamente sofisticate. Addio vecchi telai. Nei capannoni sono all'opera macchinari hi-tech preimpostati al computer e gestiti davanti al video, ingegnerizzati internamente e controllati da software a loro volta sviluppati su misura. Persino la fase di colorazione è ad alta tecnologia: al processo tradizionale, in cui il filo diventa rosso, giallo o blu alla fine delle lavorazioni, la Sinterama ha affiancato un metodo fortemente innovativo che prevede la colorazione a monte, già nella fase di estrusione, prima ancora che il filato assuma nelle fasi successive le caratteristiche tessili che devono contraddistinguerlo.

«Tutto ciò», sottolinea il presidente, «ci consente grandi economie nel sistema dei costi. Ma i principali vantaggi sono legati al prodotto e al servizio alla clientela. Offriamo la massima flessibilità, che significa tempi di consegna brevi, capacità di realizzare lotti enormi o piccolissimi, infinite miscele di colore. Parallelamente assicuriamo una straordinaria costanza nella qualità. Un esempio: se un cliente ci chiede lo stesso prodotto, con le stesse caratteristiche, che ci aveva commissionato dieci anni prima, siamo in grado di riprodurlo identico e di fornirglielo senza problemi».

Chiaro che questo ha comportato per la Sinterama una radicale riorganizzazione. Massicci investimenti. Ore e ore di formazione per i dipendenti, trasformatisi da operai tessili in operatori di software o quasi. La scelta strategica, però, ha dato i suoi frutti. Sotto forma di risultati economici, visto che l'azienda biellese non ha mai smesso di crescere, pure nel biennio nero della Grande Crisi. E, quel che più conta, a livello di leadership di mercato: «A questo punto potevamo tranquillamente essere spariti. Al contrario, siamo diventati i numeri uno in Europa».

La parola magica è rete. Rete di computer: «Ogni reparto ha una sala controllo da cui si gestiscono i macchinari». Rete di server: «A Biella abbiamo l'architettura principale. E i server dialogano con i terminali in tutti gli altri stabilimenti, compresi quelli brasiliano e cinese». Rete internet: «Grazie al web riusciamo ad avere in tempo reale i controlli quantitativi e qualitativi sul complesso della produzione, al di là di continenti e fusi orari».

La Sinterama è il regno dell'information technology applicata al tessile. Un riuscitissimo matrimonio fra la tradizione e le più moderne tecnologie. Per cominciare, c'è stato un grande lavoro per la standardizzazione dei processi. «Abbiamo letteralmente ricopiato gli impianti e i sistemi automatici utilizzati qui e li abbiamo installati pari pari nelle diverse unità produttive in Turchia, Brasile, Cina», racconta Piana. «Al resto ha pensato l'ICT». In concreto, dal quartier generale di Sandigliano è possibile seguire lo stato di avanzamento di una commessa, anche all'altro capo del pianeta. Non solo: «Le macchine sono tutte predisposte per l'assistenza remota, cosicché risaliamo immediatamente ai motivi di un eventuale fermo. A quel punto, se ci troviamo di fronte a problemi elettronici o di software, interveniamo direttamente per rimetterle in funzione». E ancora: «Abbiamo impostato sulle linee parametri di qualità rigorosi che vengono verificati ogni giorno, in automatico, altrimenti l'attività si interrompe. Non si sgarra: vogliamo essere sicuri a priori che i prodotti siano quelli che desideriamo noi, cioè di assoluta eccellenza».

Piana ha le idee chiarissime: «L'ICT è una filosofia di organizzazione industriale. È inutile poter disporre di un'informazione velocissima, che so, di un ordine immediatamente trasmesso in produzione, se poi sei costretto a caricare un macchinario a mano. Le tecnologie informatiche vanno spalmate dappertutto, devono coinvolgere l'intero processo». Allora i vantaggi si vedranno. Anche nei periodi di crisi.